억대 연봉 메신저

그 시작의 기술

억대 연봉 메신저
그 시작의 기술

박현근 | 고은혜 | 권혜란 | 김민혜 | 류현주 | 박지원

서성미 | 윤서아 | 윤희진 | 이경진 | 정소영 | 임주아 공저

공감

메신저란? 나의 지식과 경험으로 타인에게 조언을 제공하고 대가를 받는 사람을 말한다. 메신저가 되면 물질적인 만족과 의미 있는 삶을 누릴 수 있다. 시작부터 유명하고 성공한 메신저는 없다. 평범한 보통 사람이지만 타인을 돕기 위해 노력한 결과 성공한 메신저가 될 수 있다.

사연 없는 사람은 없다. 누구나 자신만의 이야기를 갖고 있다. 나는 힘들고 어려운 삶을 겪은 사람일수록 메신저가 되어 타인을 도울 수 있다고 생각한다. 나의 아픔과 상처를 극복한 이야기가 다른 사람에게 희망이 될 수 있기 때문이다. 나의 힘들고 고통스러운 이야기를 용기 내어 드러내는 순간. 나의 문제도 해결되고 타인의 문제도 해결해 줄 수 있다.

시작에 대한 두려움으로 내 안에 스스로를 가둬주지 않았으면 좋겠다. 누구나 처음은 어설프다. 일단 시작하고 개선해 나가면서 부족한 부분을 채워나가는 것이 중요하다. 완벽하게 준비해서 시작하는 것이 아니다. 작게 시작하고 지금의 조건에서 시작해야 한다.

성공한 사람은 발자취를 남긴다. 메신저 사업을 먼저 시작한 이들의 이야기 속에서 성공의 실마리를 발견할 수 있을 것이다. 책을 읽을 때는 펜을 들고, 여백의 공간에 아이디어를 메모 하면서 읽고, 적용할 부분을 찾아 페이지를 접고 밑줄을 그으며 읽기를 바란다.

우리 12명의 저자가 함께 집필한《억대 연봉 메신저 그 시작의 기술》책이 메신저 사업을 시작하는 당신에게 도움이 될 것을 확신한다.

자, 이제 시작의 출발선에 선 당신을 뜨겁게 응원한다.

메신저를 돕는 메신저
박현근

| 목차 |

Chapter 1
고교중퇴 배달부 억대연봉 메신저 되다
박현근

Chapter 2
건강 독서로 이룬 나의 꿈, 나의 인생(모방, 시작의 기술)
고은혜

[1장] 차별화 된 건강 독서모임

Chapter 3

새벽에 꿈을 이루는 엄마

권혜란

Chapter 4

도전을 꿈꾸는 여성을 돕는 메신저

김민혜

Chapter 5

인문고전 독서혁명

류현주

Chapter 6

부모와 청소년의 정서적 안정과 성장을 지원하는 메신저

박지원

Chapter 7

성공하는 독서모임에도 공식이 있다

서성미

Chapter 11

영어의 첫걸음을 도와주는 메신저다

정소영

Chapter 12

글쓰는 가치성장 메신저

임주아

고교 중퇴 배달부
억대 연봉
메신저 되다

박현근

메신저 스쿨 대표로, 메신저를 양성하는 메신저로 활동하고 있다. 2002년 고등학교 3학년 때 자퇴를 하고, 10년이란 시간을 배달과 청소를 하면서 꿈도 목표도 없이 살았다. 29살 때, 배달이 늦게 왔다는 이유로 뺨을 맞았다. 다른 삶을 살기 위해 미친 듯이 책을 읽고, 배움에 투자한 결과 전국을 다니는 강사가 되었다. 5년 만에 수입은 10배가 늘었고, 지금은 자신의 지식과 경험으로 메신저가 되고 싶은 사람들의 성공을 돕는 일을 하고 있다.

- 네이버 카페 : 메신저 스쿨
- 유튜브 : 박현근TV
- 이메일 : gandhi2018@gmail.com

- 《고교중퇴 배달부 1억 연봉 메신저 되다》
- 《땡큐 코로나 억대연봉메신저》(공저)

CONTENTS

흙수저, 금수저 보다 꿈수저

"강사님 여기 중랑 청소년 센터입니다. 독서법 강의 문의 드립니다"

위치를 확인해보니 어머니가 붕어빵 장사를 하던 장소였다. 그 당시 나는 중학생이었다. 나는 어머니의 장사를 도왔다. 잔돈을 거슬러 주는 일을 했다. 심부름을 하면 용돈을 주었다. 청소년 센터 앞에 지나가는 아이들을 보면서 저 아이들은 놀고 있는데 나는 일을 하고 있어 창피했다.

학교에 강의를 나갈 때가 있다. 강의 시작부터 엎드려 자는 아이들이 안타까웠다. 아이들 눈높이에 맞추기 위해 게임도 하고 선물도 주며 수업을 진행했다. 아이들은 관심이 없었다. 잠을 깨우며 더 들어보라고 독려하기도 했지만 관심 자체를 갖지 않았다.

강의 때마다 꿈을 물어본다. 꿈이 있는 아이는 눈빛이 다르고 태도가 다르다. 하지만 꿈이 없는 아이들이 대부분이다. 나도 꿈 없는 아이였다. 그냥 부자가 되고 싶었다. 돈을 많이 벌고 싶었다. 돈 때문에 자주 다투시는 부모님을 보면서 부자가 되면 우리 집도 행복해질 것만 같았다. 빨리 일을 시작해서 돈을 벌면 부자가 되는 줄 알았다. 19살 때 자퇴를 하고 10년 동안 배달과 청소를 했다. 하지만 막연한 부자의 꿈은 이루어지지 않았다. 부자를 꿈꾸었지만 나는 항상 가난했다.

나 스스로를 흙수저로 생각했다. 친구들은 부모 잘 만나서 좋은 학원에 다니고 좋은 대학에 가는데 우리 집은 가난하니까. 학원도 못가고 대학도 못간 거라고 내가 지금 이렇게 힘들게 사는 것은 다 부모님 때문이라고 생각했다.

29살 때부터 독서를 시작했다. 평생 이렇게 살고 싶지 않았다. 더 나은 삶을 살고 싶은 열망이 내 안에 가득했다. 자기계발 강의들을 찾아다니면서 환경을 뛰어 넘는 방법을 배웠다. 명확한 목표를 쓰고 목표를 이루기 위해 나는 무엇을 해야 하는지 매일 찾았다. 방법은 독서뿐이었다. 독서는 일단 돈이 들지 않았다. 도서관에 가면 무료로 실컷 책을 볼 수 있었다. 신간은 서점에 가서 읽었다. 성공한 사람들의 책을 읽으면서 성공을 꿈꾸었다. 가정 형편이 좋아서 성공한 사람들은 많지 않았다. 오히려 어려운 상황을 극복한 사람들의 이야기가 많았다. 지금의 환경이 좋지 않다는 것은 오히려 좋은 것이다. 이것은 기회라고 생각했다.

나는 나의 삶을 개척해 나간다!
나는 반드시 성공한다!

결단을 하고 책을 읽었다. 꿈도 목표도 없던 내가 종이 위에 매일 꿈을 적었다. 전국을 다니는 강사가 되겠다고 적었다. 종이를 벽에 붙이고 상상했다. 나처럼 힘든 시간을 보냈던 청년들에게 꿈에 대한 이야기를 하고 싶었다. 사명선언서도 작성했다. '자기계발 전문 강의를 통해 청소년, 대학생들의 성공을 돕는 코치가 된다'

나 스스로 흙수저라 생각했다. 가진 것보다 가지지 못한 것에 집중했다. 가진 사람을 부러워했다. 책을 읽고 가장 큰 변화는 마인드의 변화였다. 성공한 사람들의 생각을 읽으며 나도 성공자의 마인드를 갖게 되었다. 내가 힘들고 어려운 상황을 독서로 극복한 이야기를 사람들에게 전한다. 금수저보다 중요한 것은 책수저이다.

메신저가 되면 좋은 이유 3가지

1. 시간의 자유

원하는 시간에 일하고 싶었다. 원하는 때 여행을 떠나고 싶었다. 나는 가방에 항상 여권을 가지고 다녔다. 북적이는 대중교통을 타고 출퇴근을 하고 꽉 막히는 도로에서 시간을 보내고 싶지 않았다.

낮 12시 모두가 점심을 먹으러 식당에 가는 것도 피하고 싶었다. 점심시간 마다 꽉 막힌 엘리베이터를 타는 것도 싫었다. 원하는 시간에 밥을 먹고 싶었다. 한 시간 일찍 식당에 가도 조용히 혼자 식사를 할 수 있었다.

메신저가 되니 조직에 속해 있지 않아도 되었다. 다른 사람의 시간에 맞춰서 나의 시간을 사용하지 않아도 되었다. 내가 원하는 시간에 강의를 정해 공지를 했고, 온라인으로 강의를 하면서 내가 원하는 장소 어디서든지 강의를 할 수 있게 되었다. 올해 4월에는 제주도에서 한 달 살이 하며 온라인으로 일을 했다. 스마트폰과 노트북만 있으면 그곳이 이제 나의 사무실이다.

사람들이 붐비는 휴가철을 피해서 여행을 떠났다. 주말 시간에 강의를 진행하고, 여유 있는 평일 낮 시간을 즐긴다. 단, 자기관리를 하지 못하면 느슨해질 수 있다. 나의 목표를 정하고 목표와 경쟁하는 것이 중요하다. 목표를 이루기 위해서는 시간관리가 필요하다. 메신저는 자기 스스로 시간을 관리해야 한다.

2. 고정비가 낮다

직원 없이 혼자서도 메신저로 활동 할 수 있다. 사무실도 굳이 필요하지 않다. 집에서도 할 수 있기 때문이다. 직원이 없기 때문에 고정적인 직원 월급에 대해 생각하지 않아도 된다.

메신저 사업을 처음 시작할 때는 고정비를 낮추는 것이 중요하다. 수입이 없는 상태에서 고정비가 많이 발생할 경우 마음이 조급해 진다. 그러면 광고를 많이 하게 되고, 수강생들은 반감을 가지게 된다. 메신저 사업 초반에는 수익이 없어도 견딜 수 있는 시간이 필요하다.

내가 추천하는 방법은 회사를 퇴사하기 전에 메신저 사업을 준비하는 것이다. 처음에는 배달 알바를 하면서 평일 저녁과 주말 시간을 활용해 강의를 시작 했다. 그리고 절대 신용카드를 쓰지 않는다. 필요 이상의 지출을 하지 않기 위해서이다. 다시 한 번 말하지만, 메신저는 절대 조급한 마음을 가지면 안 된다. 메신저 사업을 시작한다고 단 시간에 수익을 창출 할 수 있는 것은 아니다. 나를 세상에 알리고 사람들과의 신뢰를 쌓는데 시간이 필요하다.

3. 고객은 내가 정한다

"돈만 주면 되는 거 아니에요?" 몇 년 전 수강 문의를 했던 사람이 한 말이다. 돈만 주면 자신들에게 맞는 강의를 해주는 것 아니냐는 식으로 문의를 했다. 나는 정중히 강의 제안을 거절했다. 나의 가치는 스스로 정하는 것이다. 돈을 준다고 나에게 맞지 않는 강의를 하지 않았다.

수강생들이 문의를 할 경우, 멤버십 가입 전화상담을 먼저 진행한다. 고객에게 도움을 줄 수 있는 것이 있다면, 그 부분에 대해서 이야기를 하고, 한 달 이내에 100% 환불 보장을 약속한다. 만약 수강생이 원하는 것을 내가 줄 수 없다고 판단이 되면, 나는 수강을 못하게 한다. 수강생을 만족 시킬 수 없는 강의를 하지 않기 위함이다. 돈 때문에 강의 하지 않는다. 가치를 전하기 위해서 강의 한다. 나의 가치는 스스로 정한다.

많은 사람들과 통화를 하다 보니 처음 통화 할 때부터 느낌이 좋지 않았던 고객은 꼭 나중에 문제가 되었다. 환불을 요청하거나, 강의를 수강하면서 불평불만을 했다. 메신저 사업도 서비스 직종이기 때문에 사람들을 상대하는 일이 가장 힘들다. 처음부터 불편한 고객은 고객으로 받지 않는 것을 원칙으로 삼고 있다. 내가 행복하고 자유롭고 싶어 메신저 사업을 시작한 것이다. 직장 생활을 했다면 인간관계에서 오는 스트레스를 견디고 일해야 했겠지만, 사람들 간에 얻는 스트레스를 피하고 싶어 메신저 사업을 선택했다. 나의 고객은 내가 선택한다.

실패의 속도를 높여라

코로나로 강연 시장에 변화가 왔다. 매일 온라인에서 무료 강의가 진행 된다. 많은 강의를 들으면서 가슴을 울리는 강의들의 공통점을 찾았다. 저자의 피나는 노력과 실패의 경험이 사람들의 마음에 감동을 주었다. 어떤 강연가는 한 시간 내내 자기 자랑 일색 이어 강의를 듣는 동안 마음을 불편하게 했다. 한 강연가는 지금의 자리에 오기까지 수많은 시행착오를 겪은 삶의 드라마를 보여 주었다. 울림이 지속되었다.

나는 나 스스로를 실패 전문가라고 이야기한다. 실패를 해봤다는 것은 도전을 해봤다는 의미이다. 아이디어가 떠오르면 빠르게 실행 한다. 현장에서 부딪치면서 배운다. 강의를 하면서 욕을 먹기도 하고, 환불 요청을 받기도 했다. 많은 시행착오 속에서 어느 정도 면역력이 생겼다. 메신저는 실패가 두려워 시작을 미루면 안 된다. 일단 시작하고, 개선하자. 시작! 개선, 개선. 실패 속에서 배운 경험을 토대로 성공으로 더욱 가까워질 수 있다. 나의 실패 사례로 타인을 도울 수 있다.

'남자의 자격'이란 프로그램에서 김국진은 인생은 롤러코스터와 같다고 이야기했다. 올라갈 때가 있으면 내려올 때가 있다는 것이다. 나의 인생의 삶도 돌이켜 보니 오르막과 내리막이 있었다. 초등학교 때부터 만들기를 좋아했다. 매년 4월 과학의 달이 되면, 많은 대회에 나가 상을 받았다. 라디오 만들기 대회, 고무동력기 날리기 대회, 글라이더 날리기 대회, 과학 상자 만들기 대회, 발명품 대회. 학교에서 상을 받고 전국 대회에 나가기도 했다. 나는 공부보다 만들기를 좋아했다. 기술을 배워서 기술 전문가가 되고 싶었다. 아버지는 공부만 잘 하기를 원하셨다.

"공고 가면 안 돼, 공부해서 대학에 가야 한다"

아버지도, 어머니도 대학을 나오지 못하셨다. 하나밖에 없는 아들 잘 되기를 바라셨던 아버지의 마음에 공고 진학보다는 인문계 진학을 권하셨다. 인문계에 진학했지만, 나는 공부보다는 만들기에 관심이 많았다. 결국 고등학교 3학년 때 직업반을 선택했다. 항공기술을 배우는 곳에 가고 싶었지만, 정원이 미리 다 차서, 자동차 기술을 배우는 곳을 선택했다. 일주일에 한 번만 학교를 가고, 평일에는 신설동에 있는 한독 자동차 학원에 가서 자동차 기술을 배웠다. 일주일에 한 번만 학교를 가다 보니 학교를 가는 것이 어색하고 불편했다. 교실 제일 뒤에 멀뚱히 앉아 있는데, 선생님이 준비물을 챙겨 오지 않았다고 욕을 했다.

"베트콩같이 생긴 새끼"

교실 제일 뒤에 앉아 있는 나의 모습을 친구들은 돌이켜 보면서 웃음을 터트렸다. "병신 새끼, 베트콩 새끼" 나는 순간적으로 화를 참지 못하고 교실 문을 박차고 나왔다. 다시는 학교로 돌아가고 싶지 않았다. 딱 1년만 돈을 벌어서 기숙 학원에 들어가고 싶었다. 기숙 학원에 들어가서 열심히 공부한 후, 다시 대학에 들어가고 싶었다. 그것이 나의 플랜이었다.

부모님한테는 학교를 그만둔다고 말하지 않았다. 하나 밖에 없는 잘 키우려고 고생하시는 부모님께 실망시켜 드리고 싶지 않았다. 교복을 입고 집을 나와서 한강으로 갔다. 산으로 갔다. 난 학교로 다시 돌아가고 싶지 않았다. 우선 일을 구해야 했다. 일자리를 구하기 위해서 벼룩시장, 교차로 신문을 가져다가 일을 찾기 시작했다. 전문 기술이 없어도 시급을 많이 받을 수 있는 일은 배달이었다.

'초봉 80만 원 배달원 구함'

집 근처 다래향 중국집에서 면접을 보고 다음 날부터 바로 일을 했다. 그렇게 나는 사회에 첫 발을 내딛었다. 딱 1년만 돈을 모아서 다시 공부를 시작하려고 했는데, 10년 동안이나 배달과 청소를 하게 될 줄을 그 당시에는 몰랐다.

29살, 신사동에 있는 도시락집에서 배달을 했다. 배달이 많을 때는 3군데, 4군데씩 배달을 가는데, 4번째 갔던 가발 집에 들어가는 순간. 문제가 생겼다. 아저씨가 욕을 하기 시작했다.

"야 이 새끼야! 지금 시간이 몇 시인데 지금 오는 거야?"
"왜 욕을 하고 그러세요? 드시기 싫으면 그냥 가져갈게요"

"뭐? 이 어린놈의 새끼가!"

순간적으로 날아온 손바닥에 뺨을 맞았다. 입술이 터졌다. 피가 흐르기 시작했다. 손이 너무 떨려 112가 눌러지지 않아. 119를 계속 눌렀다. 옆 상가로 도망갔다. 사람들의 도움으로 경찰을 불렀다. 강남 경찰서에 갔다. 경찰차 뒤에 나란히 앉아서 가는데 나는 이 사람이 나를 죽일까봐 무서웠다. 경찰서에서 진술을 하고 나오는데 참았던 눈물이 멈추지 않았다. 수치와 모멸감에 나는 죽고 싶었다..

인생이 어디서부터 꼬인 건지 몰랐다. 평생 이렇게 살지 않겠다고 결단했다. 나는 실패자였다. 고등학교 자퇴, 나이 29살이 되도록 돈을 모으지도 못하고, 배달과 청소만 하는 나 자신이 싫었다. 내 삶 자체가 쓰레기처럼 느껴져서 매일 아침 일어날 때마다 거울을 보면서 나에게 욕을 했다.

"병신. 나가죽어."

하지만, 하나뿐인 아들만 보고 살아가는 엄마 때문에 죽을 수도 없었다. 다시 한 번 내 인생에 도전해보고 싶었다. 더 나은 삶을 살고 싶었다. 현실의 삶이 힘들 수록 나는 더 나은 삶을 추구했다. 평생 이렇게 배달만 하면서 살고 싶지는 않았다. 더 나은 삶을 살기 위해서 무엇부터 시작해야 할지는 알 수 없었다.

성공하고 싶다는 열망으로 독서를 하기 시작했다. 성공한 사람들의 책을 읽으면 실마리를 찾을 수 있을 것 같았다. 이지성 작가의《독서천재가 된

홍대리》 책을 시작으로 자기계발 서적에 빠졌다. 닥치는 대로 책을 읽기 시작했다. 책 뒤에 나온 추천 도서 리스트를 모두 구매했다. 강남에서 일을 마치면 바로 서점으로 갔다. 현실의 삶을 벗어날 수 있는 유일한 방법은 독서라고 생각했다. 먼지 가득한 까만 얼굴과 더러운 손을 가지고는 강남 교보문고 바닥에 앉아서 책을 읽었다. 나 자신이 거지처럼 느껴지기도 했다. 그래도 내 삶을 바꾸기 위해서는 책을 읽는 수 밖에 없다고 생각했다.

꿈도 목표도 없었다. 막연히 성공하고 싶었다. 현실과는 다른 더 나은 삶을 살고 싶었다. 책을 읽다 보니, 자기계발에 대한 관심을 갖게 되었고, 자기계발 강의들을 찾아다니기 시작했다. 정장을 멋지게 입고, 많은 사람들 앞에서 강의하는 강사들의 모습을 보면서, 나의 꿈이 구체화되기 시작했다.

나도 성공한 강사가 되어서 전국을 다니고 싶다. 강사라는 꿈을 갖게 되었다. 하지만, 현실의 나는 고교 중퇴 배달부에 불과했다. 강사가 된다는 것은 말 그대로 꿈에 불과했다. 하지만, 난 완전히 강사라는 꿈에 미쳐 있었다. 강사만 될 수 있다면 나는 무엇이든 할 준비가 되어 있었다.

매일 책을 읽고, 이동할 때는 매일 강사들의 mp3강의를 들었다. 노래방 마이크를 사서 마이크 잡는 연습을 하고, 화이트보드를 사서 판서 연습을 했다. 산에 올라가서 크게 소리를 지르며 발성 연습을 했다. 책을 읽으며 강의 피피티를 한 장씩 만들기 시작했다. 지금의 조건에서 할 수 있는 것에 집중했다.

외부 환경은 절대 바뀌지 않는다. 내가 바뀌는 순간 외부 환경이 바뀌기 시작한다. 독서와 메모를 통해서 5년 만에 수입이 10배 이상 늘었다. 전국을 다니는 강사라는 꿈도 이룰 수 있었다. 나는 지금도 나 스스로를 실패 전문가라고 이야기 한다. 매일 실패하고 넘어지면서 배우고 있기 때문이다. 실패하지 않았다는 것은 도전하지 않았다는 것이다.

메신저의 하루

　　머리를 감고, 면도를 한다. 머리를 말리고 있는데, 강의 담당자에게 연락이 왔다. 보안 문제로 메일로 보낸 파일이 열리지 않으니 강의 파일을 USB에 담아서 오라고 했다. 독서법 강의자료 PPT를 USB에 옮겨 담았다. 가방에 바인더와 책, 지갑, USB 넣었다. 정장을 꺼내 입었다. 구두 대신 운동화를 신고, 현관문을 나섰다. 엘리베이터 지하 1층 버튼을 눌렀다. 지하에 세워진 오토바이를 타고 시동을 걸었다. 오토바이 트렁크에 정장을 접어 넣었다. 헬맷을 쓰고 주차장을 나섰다. 햇빛이 뜨겁다. 금방이라도 땀에 온몸이 젖을 것 같다.

　　구리, 광나루를 지나, 강변역에 도착했다. 강변역에 오토바이를 주차하고, 트렁크에서 정장을 꺼냈다. 지하철 표를 찍고, 강남 방면 지하철로 계단을 올랐다. 지하철을 타고 잠실철교를 지나면서 한강을 본다.

　　강남역에 내렸다. 핸드폰 카카오지도 어플로 위치를 다시 확인한다. 8번 출구로 나가면 지하로 S회사 서초사옥까지 연결되어 있다. 지하 1층 화장실에서 넥타이를 매고, 거울을 본다. 에스컬레이터를 타고 1층으로 올라 갔다. 보안검색대 앞에 도착해 담당자에게 연락을 했다. 2시 40분. 3시 강의 시작이니 아직 여유가 있다. 보안검색대에 신분증을 내고, 코로나 관련 서류를 작성했다. 방문증을 받고 게이트를 통과해서 엘리베이터를 타고 8층에 도착했다. 보안 문을 열고 긴복도 끝에 스튜디오로 들어갔다. USB에 담긴 강의 파일을 옮겼다. 폰트가 설치 되어 있지 않아서 글자가 약간 깨졌다. 폰트 바꾸기를 해서 PPT를 급하게 수정했다.

S회사에서 주최하는 대학생 대상 독서법 강의. 전국에 있는 150명의 대학생이 신청을 했다. 모두 카메라도 켜주고 밝은 표정으로 참여해주었다. 학생들의 눈빛을 보며 강의 하니 신이 났다.

위기 속에 기회의 씨앗이 있다. 경험이 최고의 스승이다. 기회는 내가 만든다. 배워서 남주자. 매일 30분 책을 읽자. 메모 독서법. 본깨적 독서법. 실용 독서법. 나는 될 수 밖에 없다. 책을 읽고 적용하는 방법들과 나의 삶에 대한 이야기를 강의 했다. 나는 사실 오프라인에 더 강하다. 150명이 모인 대 강당에서 강의를 했다면 더 힘 있게 강의 했을 텐데 조금의 아쉬움이 남았다.

강의를 마치고, 강의료 지급 관련 서류를 작성했다. USB를 챙기고, 엘리베이터를 타고 내려왔다. 보안검색대에서 가방을 검사하고, 출입증을 반납했다. 사옥 건물을 나오면서 기념 사진 한 장을 찍었다.

불과 몇 년 전에 이곳으로 도시락 배달을 왔다. 오토바이를 주차하지 말라는 경비원에 화가 났다. 30개가 넘는 도시락 내리기만 하고 바로 빼겠다고 했는데도 당장 오토바이 빼라고 화를 냈던 그 경비원 얼굴이 생각이 났다.

힘들고 고통 스러울 수록 책을 읽었다. 현실의 삶을 벗어나고 싶어서 죽기 살기로 책을 읽었다. 뜨거운 아스팔트 위를 달리면서 배달 알바해도 한 달에 100만원도 벌기 힘들었다.

독서를 통해 삶을 바꿨다. 예전 한 달에 벌던 돈을 지금은 하루 강의로 번다. 인정받는 삶도 살게 되었다. 사람들에게 무시만 당하며 살고 싶지 않았다. 그래서 더 치열하게 독서했다. 현실의 삶을 바꾸기 위한 방법은 독서뿐이라고 생각했다. 독서하고, 메모하며 꿈을 향해 달리다보니, 메신저가 되었다. 예전에는 음식을 배달하기 위해 달렸다면, 이제는 나의 지식을 전하기 위해 달린다.

내가 알고 있는 지식과 경험을 사람들에게 전하며 인정도 받고 물질적인 만족도 누리는 메신저의 삶을 나는 열망했고, 그 꿈은 현실이 되었다. 매일 생각하는 것이 나를 만든 것이다. 내가 원하는 삶을 사는 하루 하루가 행복하다.

메신저의 습관

　　브라이언트레이시의《백만불짜리 습관》책에서는 습관에 대한 중요성을 이야기 한다. 성공하는 사람들은 성공하는 습관이 있고, 실패하는 사람들은 실패하는 습관이 있다. 반복을 통해서 만들어진 삶의 습관이 오늘의 나를 만들었다. 나의 생각이 행동을 결정한다. 반복된 행동이 습관으로 굳어진다.

　　2012년부터 성공하는 사람들의 습관에 대한 관심을 갖기 시작했다. 성공한 사람들의 책을 2,000권 이상 읽었다. 성공한 사람들은 모두 공통된 습관이 있었다. 그 중에서도 가장 반복적으로 찾을 수 있었던 것은 바로 독서습관, 메모습관, 운동습관, 새벽기상 습관 이렇게 4가지 습관이다.

　　나는 독서습관과 메모습관에 집중하기 시작했고, 그 결과 수입이 5년만에 10배 이상 늘었다. 성공하는 사람의 습관을 따라하다 보니 나도 성공한 사람의 모습에 가까워졌다. 수입이 달라지고, 사는 곳이 달라지고, 만나는 사람이 달라졌다.

무엇보다 독서를 통해서 내가 얻은 것은 나의 의식의 변화였다. 부정적인 마인드에서 긍정적인 마인드로, 쉽게 포기하고 좌절하던 태도에서 될 때까지 포기하지 않고 도전하는 사람으로 변화 되어갔다. 의식과 태도, 생각의 변화가 시작되자 나의 삶에도 변화들이 시작되었다. 책을 통해 보이지 않는 것을 바꾸자 눈 앞에 보이는 상황이 바뀌기 시작했다. 삶을 바꾸고 싶다면, 습관을 바꾸자. 나는 습관을 만들고, 습관은 나를 만든다.

메신저 수익화의 시작

브렌든, 누가 내 이야기를 들으려고 돈을 내겠어요?

대부분의 사람들은 자신의 인생과 경험을 매우 과소평가한다. 자신의 경험은 평범하고, 인생에 대해 아는 것이 부족하니 아무도 자신의 이야기를 진지하게 들으려 하지 않을 것이라고 생각한다. 이것은 명백히 잘못된 생각이고 부적절한 태도이다. 당신은 당신이 보잘 것 없다고 생각하는 그 경험과 깨달음을 통해 메시지를 전하며 높은 수익도 올리는 메신저가 될 수 있다.

- 백만장자 메신저 54p

초보 메신저의 경우, 배우는데 돈을 지불하는 것은 당연하게 생각한다. 하지만, 자신이 알고 있는 지식과 경험을 알려주고, 돈을 받는 것에 대해서는 두려움을 갖는다. "내가 뭐라고 사람들에게 돈을 받지?" 스스로 자신의 지식 상품에 대한 평가를 낮게 하는 것이다. 나도 처음 강의를 시작할 때, 사람들에게 돈을 받는 것에 대한 거부감이 있었다.

"나는 전문가도 아닌데 사람들에게 돈을 받아도 되나?"
"돈을 달라고 하면 사람들이 나를 어떻게 생각할까?"
"돈은 안주서도 되요, 그냥 제가 좋아서 알려드리는 거예요"

카페에서 일대일로 스마트폰 사용법 3시간을 알려주고 만원을 받았다. 돈을 받는 것이 미안해 커피를 샀다. 1로 시작 했다. 1대1 강의로 시작하고, 1만원을 받고 시작했다. 무료로만 강의를 한다면 지속해서 메신저 사업을 할 수 없다. 운영이 되지 않기 때문이다. 새로운 것을 배우기 위해서, 책을 사기 위해서, 장소를 대관하기 위해서. 비용은 지속해서 들어간다. 메신저는 자원봉사자가 아니다. 무료로만 하면 나도 지치고 수강생도 지친다. 둘 다 망하는 지름길이 무료 강의만 계속 하는 것이다. 메신저는 자신의 지식과 경험을 통해서 수익을 창출하는 사람이지. 나눠주기만 하는 사람은 메신저가 아니라 봉사자이다.

무료 강의를 하다 보면 신청만하고, 참석하지 않는 수강생들도 있다. 반면, 1만원의 비용을 내면 돈이 아까워서 반드시 수업에 참석 한다. 수업에 참석하지 못한 사람들의 경우에는 녹화 영상 제공을 받을 수 있는지 문의하기도 한다. 메신저 사업을 지속하고 싶다면, 반드시 비용을 받아야 한다. 1만원을 받고 10배의 가치로 돌려주면 된다.

나는 수강료의 10배의 가치로 되돌려 주려는 마음을 갖고 강의한다. 나에게 돈과 시간을 투자한 사람들이다. 강의를 한다고 모든 사람이 만족하는 것은 아니다. 같은 강의를 듣고 팬이 되는 사람이 있는가 하면, 안티가 되는 사람도 더러 있다. 모든 사람을 만족시킬 수는 없다. 모든 것은 확률이다. 나를 응원해주고 뜻이 맞는 사람들을 보며 한걸음씩 나아가자.

고객은 가치 있는 상품에는 돈을 지불한다. 수십 만 원에 거래되는 소책자도 있다. 수백만 원에 호가하는 강의도 있다. 판매를 위해서 나만의 가치 있는 지식 상품을 만들어야 한다. 내가 생각하는 가치 있는 상품이란? 비용 대비해서 더 많은 서비스를 제공하는 것이다. 디지털 툴을 활용해 생산성을 올리는 방법, 독서모임과 코칭을 통해서 수익화 하는 방법에 대해 강의를 하고 있다. 유형의 상품보다, 무형의 지식상품을 판매한다.

나의 사명은 자기계발 전문 강의를 통해 타인의 성공을 돕는 것이다. 20대에는 음식을 배달했다면, 30대인 지금은 지식을 배달하고 있다. 새로운 것을 전하기 위해서 새로운 것을 배우기 위해서 노력하고 있다. 내가 배운 지식과 경험을 사람들에게 나누기 위해 메신저의 삶을 선택했다. 배달원의 삶을 살 때 보다 메신저의 삶을 살아가며 수입은 10배 이상 늘었고, 인정받는 삶도 살게 되었다.

배달원으로 일할 때는 육체적으로 힘든 것보다 무시하는 사람들의 말로 인한 상처로 인해 마음고생이 많았다. 삶이 힘들고 고달플수록 더 나은 삶을 열망하게 되었다. 힘든 시간이 있었기에 지금의 시간들이 더욱 감사하다.

내가 생각하는 최고의 콘텐츠는 나만의 경험이다. 내가 어려웠기 때문에 어려운 사람을 도울 수 있고, 내가 아파봤기 때문에 아픈 사람을 이해할 수 있다. 현재 내가 아프고 힘들다는 것은 나 보다 아프고, 힘든 사람을 도와주라는 분명한 이유가 있다고 생각했다. 나도 힘들고 괴롭지만, 나 보다 더 힘든 사람들을 도와주기 시작하자 나의 문제는 해결이 되었다. 나는 누구나 메신저가 될 수 있다고 생각한다. 누구나 자신만의 경험이 있기 때문이다. 특히 큰 위기를 겪은 사람이 더 성공하는 메신저가 될 수 있다. 움츠린 만큼 더 높은 뛰어 오를 수 있듯이 말이다.

독서모임으로 시작하라

양재 나비에 나갔다. 토요일 새벽 6시 40분. 수 많은 사람들이 모여 함께 책을 읽고, 자신의 생각을 나누는 모습을 보면서 감동을 받았다. 나도 독서모임을 운영하면서 사람들과 함께 성장하고 싶다는 마음이 생겼다. 양재나비는 오전에 운영이 되었는데, 나는 내 기준으로 일요일 저녁 시간에 모임을 만들었다. 그렇게 2016년 3월 강동나비 독서모임이 시작되었다. 독서모임을 운영하는 방법을 제대로 배우고 시작한 것이 아니라. 제대로 된 준비 없이 마음 하나만 갖고 시작을 했다. 나는 항상 일단 시작하고, 그 다음에 가는 과정에서 부족한 부분을 배워 나간다. 첫 독서모임은 지인 3명과 블로그에서 모집 글을 보고 온 1명 총 4명으로 시작을 했다.

처음부터 독서모임 운영에 대한 전문 교육을 체계적으로 받고 시작한 것이 아니다. 독서모임을 통해서 내가 알고 있는 지식과 경험을 사람들과 함께 나누고 싶다는 열성 하나만 갖고 시작을 했다. 그 후에 독서모임 운영하는 방법에 대한 교육 과정들을 이수했다.

나의 메신저의 삶을 돌이켜 봤을 때 가장 잘했던 일은 독서모임을 계속 운영했다는 것이다. 독서모임을 운영할수록 가장 성장했던 사람은 바로 내 자신이었다. 모임을 운영하면서 리더십, 문서 제작 능력, 마케팅 능력 등이 생겼다.

더 많은 사람들이 참여하는 모임을 만들기 위해서 SNS마케팅 교육들을 듣고, 모임을 확장시켜 나갔다. 독서모임 회비는 1만원을 받았다. 참여자들에게 선물로 바인더, 독서노트, 필기구등을 선물로 주기도 했다. 정기적으로 저자 특강을 진행하면서 행사 운영에 대한 노하우도 배울 수 있었다. 독서모임을 빠르게 확장시키는 가장 좋은 방법은 저자특강을 진행하는 것이다. 좋은 책을 만났다면, 일단, 책을 정리해서 저자에게 메일을 보내자. 책을 읽고 감동한 이야기와 독서모임의 취지를 설명했다. 생각보다 많은 저자들이 긍정적으로 답변을 해주었다. 독서모임 회비를 받고, 저자특강에 오신 저자에게 작은 선물을 드렸다. 모인 회비로 연말에 기부도 했다.

메신저 사업을 시작했던 처음으로 돌아간다면 무조건 독서모임과 블로그 운영부터 시작할 것이다. 그동안에 많은 시행착오를 거치며 메신저가 되기 위해서 노력해왔다. 이제 메신저 사업을 시작하고자 하는 사람들의 시행착오를 줄여주기 위해서 나의 지식과 경험을 나누기 위해서 노력하고 있다.

이 책이 당신의 메신저 사업을 시작하는데 도움이 되기를 간절히 바란다.

CHAPTER 2

건강 독서로 이룬
나의 꿈, 나의 인생
(모방, 시작의 기술)

진짜 오드리 **고은혜**

나 고은혜의 사명은 '건강을 추구하는 사람들에게 정직과 신뢰와 사랑을 바탕으로 4가지 올바른 생활습관의 중요성을 알리는 것이다.'
세 자녀를 사교육 대신, 책과 현장학습을 통해 자기 주도적인 사람으로 키워냈다. 그 결과 둘째가 흙수저 상황에서 대학교와 로스쿨까지 자력으로 졸업하고 변호사가 되었다. 전 재산을 사기당해 보일러가 가동되지 않는 허름한 집에 다섯 식구가 세 들어 살면서도 사기를 친 사람을 신앙의 힘으로 용서했다. 21년 전 유방암 3기 진단을 받고 수술 후 자연요법과 대체요법으로 건강을 찾게 되었고, 그 노하우를 나눠주는 건강 독서모임 '균형독 나비'를 운영하고 있다.

- 사부작 건강 스쿨 카페 https://cafe.naver.com/pinkrdf1u
- 고은혜의 사부작 건강 스쿨 블로그 https://blog.naver.com/geh8060
- 오드리처럼TV 유튜브

[자격증]
한국시민자원봉사회 중앙회
아로마 힐링 코치
독서지도사
청소년상담사
스마트폰 활용지도사
실버 유튜브 강사
4차산업혁명 강사 외 다수

- 현)땅끝 산해진미 대표
- 현)컴패션/월드비전(3명), 다사랑 공동체(1+1) 후원
- 현)건강 독서모임 균형독 나비 운영

CONTENTS

차별화 된
건강 독서모임

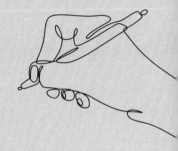

생활습관만 바꿔도
5킬로그램 자연 감량된다

생활습관 변화로 딱 3개월 만에 5킬로그램 자연 감량한 사례를 만든 균형독 나비!

균형 잡힌 삶을 위한 독서모임은 '더불어 행복하게 사는 삶'을 지향하는 건강 독서모임이다. 균형독 나비에서는 의사나 전문가들이 쓴 책을 기반으로 독서 수면 식단 운동 등 4가지 습관 챌린지를 하고 있다. 참여자 모두가 4가지 습관 챌린지를 통해 올바른 생활습관으로 변화되어 건강하게 살아가게 된다. 건강을 잃고 건강하게 살아가는 방법을 찾고 있는 분들에게 도움을 주기 위해 시작한 독서모임이다.

새 천 년! 밀레니엄이 왔다고 모두 흥분하며 들떠 있던 2000년에 나는 두 번이나 생사를 넘나들며 힘든 시간을 보냈다. 그중 한 번은 고속도로에서 빗길에 미끄러져 중앙분리대를 박고 차가 뒤집힌 사고로부터 구사일생했다. 두 번째는 유방암 3기 진단을 받고 수술을 했다. 입원 치료를 하던 중 똑같은 상태의 옆 환자들과 다른 약을 처방받고 있다는 것을 알게 되었다.

마루타가 되기 싫어 퇴원했다.

집으로 돌아와 암에 걸리게 된 이유를 알아보기 시작했다. 자연요법과 대체요법에 관련된 책을 읽었다. 나의 생활습관과 식습관에 문제가 있다는 것을 알게 되었다. 깊은 산속에서 황토로 지은 집에 살면서 직접 유기농 야채를 길러 먹는 환우가 있었다. 그분의 모습을 통해 어떻게 살아가는 것이 옳은 일인지 알게 되었다. 유기농법으로 농사를 짓는 곳에서 땅을 분양받아 야채를 직접 길러 먹었다. 그 결과 이전보다 더 활기차고 건강하게 살아가고 있다.

유기농으로 야채를 직접 길러먹다

모방하는 것이 시작의 기술이다

21년이 지난 오늘, 건강에 관심이 있는 많은 분들이 질문한다.

"어떻게 관리 하세요?"

"어떤 음식을 먹으면 그렇게 건강하게 살 수 있나요?"

정성을 다해 자세하게 알려주어도 실행하는 사람이 거의 없었다. 좋다면 따라 하면 될 텐데 왜 안 할까? 고민이 되었다. 효과적으로 알릴 수 있는 방법을 찾던 중 김혜원 코치의 '4건독' 모임에 참여하게 됐다. 딱 내가 찾던 이상적인 독서모임이었다. '그래 이거다!'라는 생각이 들어 그다음 달부터 벤치마킹해서 바로 시작했다. 그렇게 균형 잡힌 삶을 위한 독서모임 '균형독 나비'가 시작되었다.

'창조는 하나님만이 할 수 있는 것이다. 하늘 아래 새것이 없다.'고 했다.

뭐든 모방을 통해서 더 나은 콘텐츠가 탄생하게 된다. 새로운 것을 창조하려 하면 어려워서 쉽게 시작할 수 없다. 유명한 예술 작품도 모방에서 시작됐다고 하지 않는가?

44

지금, 당장 모방하기로 시작해 보라!

완벽주의 때문에 시작하지 못하고 미루고 미루다가 1년 만에 드디어 '균형독 나비'가 시작되었다. 그렇게 시작된 '균형독 나비'가 6회째 진행되고 있다. 참여자들의 만족도가 높아 90% 이상이 재등록한다. 1기부터 참여한 회원 중 대구에 사는 김은경님은 특별한 제품을 먹지 않고 4가지 습관 챌린지를 성실히 실행했다. 하루 한 끼 야채식과 라면을 끊고 3개월 만에 건강을 찾으며 자연스럽게 체중이 5kg 감량되었다.

'다이어트 할 때 특정한 제품을 먹으며 다이어트한다. 먹고 싶은 음식을 굶으면서 한다. 죽도록 운동하면서 한다."는 사고에서 벗어나기 바란다. '균형독 나비'에서 진행하는 4가지 습관 챌린지 프로젝트를 따라 하기만 해도 몸무게가 정상이 되고, 건강하고 활기찬 삶을 살아갈 수 있다.

> ### 4 가지 습관 챌린지를 하는 이유
>
> 100세 시대에
> 건강이 화두가 되고 있는데요
>
> 균형독 나비에서는
> 혼자서는 잘 안되는
> 독서, 영양식단, 운동, 수면
> 4 가지 습관 챌린지를 진행합니다.
>
> 함께 도전하여
> 좋은 생활습관을 길러
> 활기차고 건강한 삶을 살아 갑니다.
>
> 혼자 가면 빨리 가고
> 함께 가면 멀리 간다.
> (아프리카 속담)

'4가지 습관 챌린지' 그것이 알고 싶다

　독서모임을 시작하면서 나는 의사나 약사도 아니고, 전문가도 아니기에 건강 관련 독서모임을 시작하기에 조심스러웠다. 통합의학으로 사람들을 살리고자 애쓰며 연구하는 전문의가 쓴 책을 선정하려 노력했다. 그동안 선정된 도서 목록은《면역력을 처방합니다》《환자 혁명》《클린》《마녀체력》《장 건강하면 심플하게 산다.》《멘탈의 연금술》까지 6권이다.

　매월 선정된 1권의 책 내용을 기반으로 독서 수면 영양식단 운동 습관을 챌린지하는 프로젝트다. 참여자 스스로 4가지 습관 중 실행 가능한 것을 정하고 매일 실행한 내용을 인증한다. 그중 필수 사항은 하루 한 끼 야채식이다. 처음 참여자도 쉽게 따라 할 수 있도록 하루 읽을 분량을 정해서 알려준다. 강제성은 없으나 일정한 룰이 있어 따라 하기 쉽다. 인증이 올라오면 서로서로 피드백해주며 함께 하는 가치를 알게 되는 가족 같은 독서모임이다. 습관을 바꿀 수 있는 최소 시간이 21일이라고 한다. 참을성과 끈기를 길러주기 위해서 21일 동안 진행한다.

　독서를 통해 한 뼘씩 성장하게 되어 멘탈 관리에 도움이 되었다는 분, 인증을 해야 되니 음식도 예쁘게 꾸미고 사진을 찍게 된다는 분. 꾸준히 운동을 하게 되어 건강관리가 잘 되었다는 분, '3주 장 리셋 프로그램'에 참여하여 역류성 식도염이 사라졌다는 분까지, 체험사례가 많아 본 깨 적(본 것, 깨달은 것, 적용한 것) 나눔 시간은 늘 부족하다. 신청자가 없으면 '혼자서라도 해야겠다.'는 각오로 시작했는데, 건강이라는 키워드가 관심도가 높아서인지 1기에 무려 7명이 신청했다. 현재까지도 대부분 1기부터 참여해온 분들이 함께하고 있어 감사한 마음이다.

이젠 '시즌 I'을 마무리하는 과정이다. 참여자 모두가 새로운 독서모임을 만들어 시작할 수 있도록 권하고 있다. 고인 물은 썩는다. 늘 쉼 없이 흐르는 냇물처럼 움직이는 모임이 돼야 한다. 유기적인 연결과 독립성을 띤 형태의 발전적인 독서모임을 꿈꾼다.

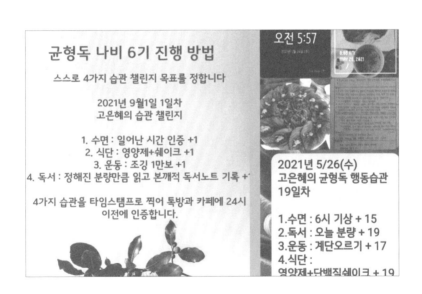

나누면 더해지는 기쁨

아이들이 유치원에 다닐 때부터 양로원이나 영아일시보호소에 봉사 활동을 다녔다. 어려운 이웃들을 돌아보며 함께 하는 공동체의 삶을 알게 해주기 위함이다. 세 자녀가 각각 다른 악기를 배워 교회에서나 양로원에서 연주하며 기쁨을 나눴다. 악기 레슨은 어느 교수님의 재능 나눔으로 거의 무료 수준으로 배우게 되었다. 나눔을 계획했더니 돕는 손길이 생겼다. 내가 가진 것을 나누었더니, 몇 배로 되돌려 받는 경험을 하게 된 것이다.

우리가정은 월드비전을 통해 13년 전부터 세 명의 아이들을 후원하고 있다. 우리 가정 경제가 어려움을 당했을 때도 후원의 끈을 놓지 않았다. 후원받은 아이들이 자립할 나이가 되면 새로운 친구로 바뀌게 된다. 13년 동안 7명의 아이가 우리 곁으로 왔다. 가슴으로 낳은 아이가 7명이나 생겼으니 부자가 된 것이다.

이런 기쁨을 함께하고자, 균형독 나비에서도 컴패션을 통한 나눔을 후원하고 있다. 다사랑 공동체를 통해서 한 아동을 후원하고 있다. 누구나 어려운 이웃을 돕고 싶은 마음이 있지만, 경제적인 이유로 또는 방법을 몰라서 시작하지 못한다. 균형독 나비에 참여하면 자연스럽게 컴패션에 동참하게 된다. 건강도 찾고 선한 일에 동참하게 되니 일석이조가 아니겠는가? 시작은 어떤 일이나 쉽지 않다. 하지만 이미 시행하고 있는 일에 동참하게 되면 쉽다. 또는 따라 하면 가능한 것이다. 모방하는 것이 시작의 기술이다.

오늘도 **매기** 아동과 함께해 주셔서 감사합니다.

월드비전을 통해 후원 중인 매기

이래도 정크 푸드와 친구 할 거니?

치료 기간이 길고, 치료 과정도 고통스러운 암!
건강한 사람일지라도 매일 5천 개 이상의 암세포가 생겨난다.

가공식품은 우리 몸에 해로움을 주는 가짜 음식이라고 한다. 백해무익
하니 모두 버리자. 여기저기에서 광고하고 있는 대부분의 음식은 소비자를
위해 만들어진 것이 아니다. 필자도 유방암 진단을 받기 전에는 이런 사실
을 몰라 인스턴트식품과 기름진 붉은 고기를 즐겨 먹었다. 왜? 암이 왔는지
궁금하여 건강 서적들을 읽기 전까지는 말이다. 이젠 필자처럼 똑같은 실수
를 하는 사람들이 생기지 않았으면 좋겠다는 마음으로 건강 독서모임을 하
고 있다. 제발 가공식품은 친구 삼지 말기를 부탁드린다.

2017년 SBS 스페셜에서 '바디 버든'을 주제로 방영됐던 방송을 참고하
면 좋겠다. '바디 버든'은 우리가 먹고 마시고 바르고 씻는 행위를 통해 체내
에 조금씩 쌓인 총 독소를 말한다. '오늘 내가 먹은 음식'이 나다. 사소한 식
습관이 결국 자가면역질환을 불러온다는 사실도 간과하지 말자. 소중한 내

몸을 독소에게 내어 줄 것인가? 진짜 음식을 먹고 구구 팔팔한 삶으로 내 몸의 유통기한을 늘려 갈 것인가?

나는 마트 대신 유기농 매장에 간다

암 수술 후 유기농 농장을 분양받아 채소를 직접 길러 먹었다. 손수 농사를 지으면 땅을 밟고 흙과 가까이하니 건강에 도움이 됐다. 무엇보다 생명력이 있는 신선한 채소를 먹을 수 있다는 강점이 있어 좋았다. 사계절 원하는 채소를 수확하여 푸짐하게 먹을 수 있고, 이웃에게 나눔 할 수 있는 기쁨도 있으며 가성비까지 좋다. 세포가 좋아하는 채소를 지속적으로 섭취하면 자연치유력이 생긴다. 채식 위주의 식사가 현대사회에서는 꼭 필요하다.

그렇다면, '도시에서 살아가는 사람들은 어떻게 해야 하는가?' 라는 질문이 생길 수 있다. 농사를 직접 지을 수 있는 환경도 아니고, 직장 생활을 하느라 바쁘기 때문에 방법이 없다. 이런 분들에게는 유기농 매장을 추천해 드린다. 일반 마트보다 가격이 비싸다는 느낌을 가질 수 있다. 하지만 농약 성분이 우리 몸 안에 쌓여 발병했을 때, 병원비로 지출되는 것보다 훨씬 저렴하다는 점을 생각해 볼 수 있겠다. 유기농 매장에서 장보기를 하면 일반 매장보다 조금 비싸기는 하지만 맛도 뛰어나고, 안심하고 먹을 수 있다는 장점이 있다. 요즘에는 밀키트 방식으로 그때마다 필요한 만큼씩 일정 기간을 정해서 배달받는 방법도 있으니 이용해보자.

2장

나는 딱 한 번만
울었다

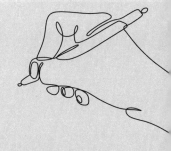

이 글을 읽고 있는 당신은 단 한 번이라도 목 놓아 울어 본 적이 있는가?
함께 울 준비가 돼 있는 분만 계속 읽어 봐주시길 바란다.

나는 딱 한 번만 울었다

    이상하다, 분명히 양성 판정이 나왔는데 왜 피로감은 갈수록 쌓여가는 거지? 양성이라는 의사의 말에 안심되어 전보다 더 바빠진 일상으로 분주해졌다. 한 번 호되게 놀랐으니 건강의 중요성을 인지하고 조심했어야 했다. 주변 여건은 점점 더 벼랑 끝으로 나를 몰아갔다. 하늘 높은 줄 모르고 치솟는 대출금을 빨리 갚고 싶었다. 아이들과 함께 보낼 시간을 갖기 위해 조금만 더 뛰어 보자는 생각으로 시간을 다투며 지냈다. 천근만근이 된 몸을 이끌고 다시 병원을 찾은 건 처음 이곳에 와서 검진을 받은 후 6개월 만이다.

    결과를 보기 위해 대기실에 앉아 기다리는 시간은 마치 억 겁의 시간이 흐르는 듯했다. 주변에 그 많은 사람들이 오가는데도 내 귀엔 아무 소리도 안 들렸다. 마치 천년고도의 깊은 산속에 와 있는 느낌이었다. 간호사가 여러 차례 호명했음에도 알아차리지 못했다. 옆자리에 앉아 있던 분이 어깨를 툭 치며 알려줄 때까지 깊은 생각에 빠져 있었다.

    진료실 문을 열고 들어가 환자용 의자에 앉았다. 의사의 표정이 평소와 달랐다. 늘 만면의 미소가 트레이드마크였는데, 오늘은 마치 판사가 죄수에게 사형 언도를 내릴 때 짓는 그런 엄중한 표정이다. 차트를 보던 시선이 내게로 향했다.

"음성입니다!"

머리끝까지 피가 몰리며 현기증이 났다. 귓가엔 기계음처럼 윙윙거리는 소리만 크게 들렸다. 심장이 쿵쾅거렸다. 나도 모르게 눈물이 났다. 오열하듯 쏟아지는 눈물을 막을 수가 없었다. 지금까지 살아온 세월이 주마등처럼 스쳐 지나갔다. 무엇을 위하여 그토록 치열하게 살아왔던가?

눈물이 그치기를 기다리던 의사가 말을 꺼냈다.

"일단 수술 날짜를 잡아야 하니 일정을 보고 다시 연락을 드리겠습니다."

대답도 하는 둥 마는 둥 진료실 밖으로 나왔다. 대기실 의자에 앉아서도 주체할 수 없는 눈물이 계속하여 흘러내렸다. 남들의 시선도 아랑곳하지 않고 평생 그렇게 많이 울어 본 적이 없었던 것 같다.

생명은 하나님의 손에 달려 있다

울다가 아이들 생각이 났다. 남편도, 친정어머니도, 형제들도, 친한 친구도, 목사님도, 직장 동료도 그 누구 하나 생각나지 않았다. 오로지 나의 분신들인 어린 세 아이들만 생각이 났다.

'저 어린 것들을 어떻게 한단 말인가?'

이런 생각에 미치자 눈물이 멈춰졌다.

'아니야, 내가 이 땅에서 할 일이 남았다면 생명을 연장시켜 주실 거야. 생명은 하나님의 손에 달려 있는데 무슨 걱정이야.'

이런 담대한 마음이 생겼다.

'나에 대한 계획도 그분의 소관이고, 아이들 또한 그분의 계획하심이 있을 거야. 감히 내가 그분의 영역을 넘보다니, 이제부터 내가 할 일은 생명이 주어지는 날까지 감사하며 살아가는 것이다.' 그길로 눈물을 닦으며 자리를 박차고 일어섰다. 이후 한 번도 이 일로 울어 본 적이 없다.

강한 엄마로 살기로 했다

일이 손에 잡히지 않아 일찍 귀가했다. 세 녀석들이 숙제를 하고 있었다.

아이들을 태교부터 책으로 키워 온 지난날들이 주마등처럼 지나갔다. 우리아이들은 책을 친구 삼아 지냈다. 놀이터에서 노는 것보다 책 읽는 게 더 재미있다고 했다. 이렇게 책에 푹 빠져 사는 습관이 몸에 밴 아이들은 자기 주도적인 학습을 하게 되었고, 사교육 없이도 둘째는 변호사가 되었다.

시부모님과 합가하기 전에는 수시로 과학관, 유적지, 공연장 등 현장학습을 다녔다. 책으로 알게 된 내용을 현장 경험을 통해 이해력을 넓히기 위해서였다. 환경을 만들어 주고 아이들이 스스로 문제를 해결하도록 했다.

오랜만에 아이들을 데리고 마트에서 장을 보기로 했다. 평일에 함께 시간을 보내는 게 얼마 만인가? 아이들의 좋아하는 표정을 보며 미안하고 짠한 마음이 들었다.

"오늘은 너희들 먹고 싶은 거 맘대로 고르렴, 엄마가 쏠게"

"우와! 신난다."

이렇게도 좋아하는데 자주 함께하지 못했다니 다시 가슴이 쓰라렸다. 카트에 이것저것 골라 와 담는 아이들의 표정이 마냥 행복해 보였다. 오랜만에 저녁상 차림을 신경 써 보려고, 생선코너와 정육코너에 들러 골고루 장을 봤다. 카트 안이 어느새 가득 찼다. 두 딸이 양옆에서 카트를 거들었다. 개선장군이라도 된 것 마냥 계산대를 향해 씩씩하게 나아갔다. 마치 온 세상을 얻은 것 같은 표정이었다. 집으로 돌아오는 차 안에서 각자 고른 꾸러미를 안고 콧노래까지 불렀다. 소소한 일에 행복해하는 아이들을 보며 '그래 너희들을 위해서 엄마가 힘낼게, 세상에서 가장 강한 엄마가 되어 너희들의 울타리가 되어 줄 거야!

'하나님, 이 아이들을 선물로 보내 주셔서 감사합니다! 엄마의 자격으로 생명이 다할 때까지 잘 키우겠습니다.' 마음속으로 다짐했다.

수술 후 몸의 균형이 틀어지다

2000년 11월 7일 22시에 수술 일정이 잡혔다.

"일부만 절제할지, 전체를 절제할지 결정해 주셔야 합니다."

담당의가 차트를 가리키며 설명했다. 이미 왼쪽 겨드랑이 임파선까지 타고 들어가서 임파선 3개를 절제해야 된다고 설명하고 있는데

"임파선에 전이됐다면 위험한 건가요?"

조용히 듣고 있던 남편이 나와 담당의를 번갈아 보며 질문했다.

"위험을 줄이기 위해 절제하는 거지요"

"그럼, 유방 일부만 절제하는 것과 모두 하는 것의 차이점은요?"

나의 질문에 망설이던 담당의가 비장한 각오라도 한 듯 입을 열었다.

"전부 절제하는 것이 아무래도 안심할 수 있다고 생각합니다."

"그럼, 전체를 절제하는 걸로 하겠습니다."

내 말이 떨어지기가 바쁘게 끄덕이며 담당의가 서둘러 나갔다.

당시엔 한쪽을 전부 도려낸다는 것의 의미를 크게 생각하지 않았다. 수유할 일도 없을 테니 재발의 여지를 두지 말자. 마흔 한 살이나 됐으니 건강보다 외모에 신경 쓸 일이 아니라고 생각했다. 무식이 용감하다고 했던

가? 몸의 균형이 얼마나 중요한지 허리와 골반에 잦은 통증이 생기고서야 알게 됐다. 엄지발가락 끝부터 경추 1번까지 근육이 연결돼 있어 몸의 균형이 맞지 않으면 틀어지게 된다. 이런 상식을 사전에 알았더라면 쉽게 그런 결정을 안 했을 것이다.

수술실에 들어가기 전에 간호사의 안내에 따라 필요한 몇 가지 검사와 체크를 했다. 긴장된 모습으로 침대에 누워 실려 가는데 기분이 묘했다. 나를 내려다 본 남편의 초조한 모습이 나보다 더 불안해 보였다. 간호사가 문을 열며 안쪽으로 들어오도록 안내했다. 문이 자동으로 닫히고 수술대 주위에 서 있는 초록색 가운을 입고 있는 집도의 두 명과 간호사 둘, 그리고 흰색 가운을 입은 마취 담당 의사가 대기 중이었다. 이젠 진짜로 수술을 하는 거구나 실감이 났다.

"자 걱정하지 마시고 편한 맘으로 길게 호흡을 해보세요. 이제 마취를 할 겁니다. 숫자를 세어보세요"

'하나, 두울, 셋…'

몸이 쳐지면서 점점 아래쪽으로 꺼져 들어갔다. 나선형 계단을 타고 계속 깊숙한 나락으로 떨어져 갔다. 그렇게 깊은 곳이 있을 줄은 상상도 못했다. 빙빙 돌며 한없이 내려갔다.

누군가 내 이름을 부르며 흔들어 깨웠다. 뭐라고 대답해보려는데 맘대로 안됐다. 몸은 천근만근으로 왜 이렇게 무거운지.

"힘내서 가래를 뱉어 보세요. 할 수 있을 때까지 계속해서 뱉어내서야 해요. 마취 가스를 밖으로 내보내야 합니다."

간호사가 휴지통을 내밀며 방법을 얘기해 줬다. 시키는 대로 캑캑거려 봤지만 잘 안됐다. 힘을 다해 뱉어보니 조금씩 나아졌다.

환자용 이동식 침대 카를 밀고 남자 간호사가 나가자 기다리고 있던 남편이 다가왔다.

"어때? 괜찮아? 담당 의사 선생님이 잘됐다고 하시던데"

대답할 기력이 없어 눈만 한 번 떴다가 다시 감았다.

"시간이 예상보다 30분이나 더 걸려서 걱정을 많이 했는데, 고생했어요"

밖에서 초조하게 기다리느라 애썼겠다 싶었지만 힘이 없어 눈만 껌벅거렸다. 자정이 다 돼서야 병실로 돌아왔다. 수술이 3시간 반 동안 진행됐나 보다. 회복 시간까지 4시간이 걸린 셈이다. 4시간 가까이 죽음 상태가 지속되었다고 생각하니 머리끝이 쭈뼛거렸다. 소변이 마려워 화장실에 가려고 했더니 그냥 소변을 보면 된다며 호스로 연결된 비닐봉지를 가리켰다. 겨드랑이 아래쪽과 소변을 볼 수 있도록 연결된 봉지 두 개가 내 몸에 매달려 있었다. 환자라는 사실을 증명해 주는 또 하나의 환경 세팅이다.

철심이 박힌 절벽이 된 가슴

가스가 7시간 만에 나온 후 미음을 먹을 수 있었다. 간호사가 소변 줄을 빼주는데 생각보다 아프지 않았다. 약간 기분 나쁘게 불편했지만 참을 수 있었다. 무엇보다도 거추장스러운 것을 제거하니 날아갈 것 같았다. 담당의가 초췌한 모습으로 간호사 두 명을 대동하고 나타났다.

"괜찮으세요? 어디 불편한 점은 없으시고요? 가스도 나왔으니 식사를 맛있게 하십시오. 저는 아마 천당에 못 갈 거예요. 이렇게 많은 분들의 가슴을 잘라냈으니 말이에요".

호탕하게 웃는 소리가 천장을 뒤흔들 만큼 컸다. 웃는 표정이 덩치에 안 어울리게 해맑았다. 붕대를 풀고 소독을 하는 동안 가슴을 내려다보니, 휑하니 절벽만 보인다. 급하게 꿰매서일까? 스테플러로 집은 자국이 일렬로 듬성듬성 줄지어 서 있다. 이렇게 성의 없이 해놓다니, 물론 옷을 입으면 가려지니 신경 쓸 일이 아닐 수도 있겠으나, 기분이 묘했다. 막상 전체를 절제한 가슴을 보고 나니 마음이 착잡해졌다. '여성의 상징인데 건강만 생각하고 이런 결정을 한 게 잘한 걸까? 다양한 방법으로 복원할 수 있다고 하는데 어떻게 하지?'

내 잔이 넘치나이다!

시편 23편 1절에서 6절은 마음이 번거롭고 감정 조절이 안 될 때 되뇌는 성경 말씀 구절이다. 리듬감이 있어 마음이 차분해지고 금세 안정감을 회복하게 되는 인생 구절이기도 하다. 힘들 때마다 이 말씀을 떠올리면 새힘이 솟아난다.

"여호와는 나의 목자시니 내게 부족함이 없으리로다." 이 얼마나 감사한 일인가? 나 같이 부족한 자를 사랑하셔서 나의 목자가 되어 주시고, 부족함이 없는 자로 살아가도록 도와주신다. 위로되는 구절을 반복하여 가만히 읊어 본다. 평안함 가운데 감사가 넘쳐나는 이런 시간이 좋다. 이럴 땐 어떤 일이건 다 용서할 수 있는 힘이 생긴다.

시어머니께서 병문안을 오시자마자 5분 만에 서둘러 가셨다. 속 깊은 곳에 가라앉아 있던 것들이 수런거리기 시작했다. 서운했던 감정이, 분노의 찌꺼기들이 기다렸다는 듯이 마구 떠올랐다. 이것들을 가만두면 독이 될 것 같아 가라앉히는 비장의 무기를 꺼내 들고 물리치기로 했다. '내가 사망의 음침한 골짜기로 다닐지라도 해를 두려워하지 않을 것은 주께서 나와 함께 하심이라' 나와 함께 하시는 하나님! 나를 격동시키려는 무리의 책략에

속지 않기로 결단합니다. 그분이 내 곁에 계시는데 내가 무엇을 두려워하리오. 내 영혼을 소생시켜준 분, 어느 것 하나 해결 못 하실 일이 없을 거라 믿으니, 어느덧 분노의 감정과 서운함이 물러갔다.

주께서 내 원수의 목전에서 내게 상을 차려 주신다고 하시니 감사할 뿐이다. 굳이 내가 애쓰지 않아도 내 편이 되어주시는 그분이 해결해 주시니 위로가 되고 든든하다. 그분만 의지하면 되니 얼마나 감사한지요. 나를 향한 관심과 보호하심과 사랑에 내 잔이 넘치나이다. 아멘!

사실 삶이 힘겨웠던 탓에 암이란 선고가 내리기 전에는 어서 천국으로 이사 갔으면 좋겠다는 생각을 간간이 했었다. 하지만 '생명은 그분의 소관임을 알기에 주어진 날 동안엔 최선을 다해 충실하게 살아보자'며 지금까지 달려왔다. 3시간 반 동안 수술대에서 마취된 상태로 있다 깨어나니 살아있음에 대한 감사가 더해졌다. 이 또한 나의 삶에 대한 교만함에 경고하는 그분의 계획하심이었을까? '아직 이 땅에서 할 일이 남아 있다면 생명을 연장시켜 줄 것'이라는 믿음의 고백을 기뻐하셨을까? 더 깊이 기도하며 묻는 시간을 가져보리라.

인생 2막이 시작되다!

입원실 창문 커튼 사이로 들어오는 아침 햇살이 따사롭다. 온몸으로 햇살을 즐기려고 커튼을 젖혔다. 시장에서 바삐 오가는 사람들을 바라보며 오늘을 열심히 살아내는 그들이 부러웠다. 제각각의 사연은 알 수 없으나 이른 시간에 시장을 보러 온 저들은 '지금'을 충실하게 살아가고 있는 것이다. 식당을 운영하는 사장은 방문한 손님들이 먹을 음식을 맛있게 만들며 하루를 바쁘게 살아 낼 것이다. 잔치를 치를 일이 있는 어떤 이는 '어떻게 하면 잘 대접할까?' 고민하며 정성껏 만든 음식을 나누며 행복한 시간을 보낼 것이다. 저만치서 할머니 한 분이 양손에 보따리를 들고 버스를 향해 뒤뚱거리며 달려가는데 버스가 출발했다. 할머니가 한 손에 들고 있던 보따리를 내려놓고 기다려 달라고 손짓을 했건만 버스는 저만치 냅다 도망쳐 버린다. 아가처럼 아장거리듯 걷는 할머니의 모습이 어떤 삶을 살아왔는지 말해준다. 저 보따리 속엔 뭐가 들어 있을까?

우린 더 나은 내일을 바라며 기대감을 안고 오늘을 살아간다. 나 또한 그 누구보다 하루하루, 순간순간을 치열하게 살아왔다. 때론 크거나 작은 벽이 가로막아 섰다. 그럴 때마다 '잠깐만 버티면 돼! 이 또한 잠깐 왔다가

갈 손님이다, 조금만 더 힘을 내 보는 거야!' 그렇게 스스로를 응원하며 헤쳐 나왔다. 계획했던 목표가 있었기에, 이루고 싶은 소망이 있었기에 가능했다. 고통스러운 상황을 겪을 땐 피하기보다는 그걸 통해 얻을 게 무엇인지 정면으로 바라보곤 했다. 고통이란, 현재 상태와 우리가 그렇게도 바라는 상태의 차이일 따름이라고 하지 않던가? 진정 내가 바라는 것을 이루어 낼 수 있는 기회로구나! 여기니 거뜬하게 이겨낼 수 있었다. 그렇게 살아온 지난날을 회상해보니 나 자신이 대견스러워졌다.

"자 지금부터 시작이다! 어떤 일이 닥쳐도 난 두렵지 않아. 이제부터 덤으로 사는 인생이니 후회 없이 살아보자. 고은혜! 두 번째 삶을 선물 받았으니 제대로 살아보는 거다. 아자아자 화이팅!"

외치고 나니 후련하고 기쁨이 솟아났다. 새 힘이 솟아오르고 자신감이 생겼다. 드디어 인생 2막이 시작된 것이다.

3장

언택트 시대가 준
선물

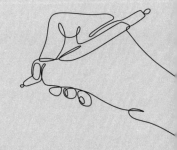

건강독서로 이룬 나의 꿈, 나의 인생

나는 사람들 앞에서 자기소개할 때면 'N잡러'라고 소개한다. 스무 살에 직장 생활을 시작해서 43년 동안 잠시도 쉰 적이 없었다. 동생을 뒷바라지하느라 교사의 꿈을 포기해야 했다. 그래서인지 늘 배움에 고팠다. 기회가 닿을 때마다 배움의 자리에 섰다. 자격증과 수료증이 쌓여 갔다. 둘째가 다닌 학교의 모토가 '배워서 남 주자'였다. 신선한 충격으로 다가와 기회가 될 때마다 가진 재능을 여기저기 무료로 나눠주었다.

2년 전부터 블로그와 유튜브라는 신문물을 접하고 한창 재미에 빠져 있을 무렵에 펜데믹이 왔다. 줌에서 SNS 도구들을 무료로 알려주었다. 오프라인에서도 요청이 들어왔다. 조금씩 수익을 내기 시작할 무렵에 독서모임을 시작하게 되었다. 수술 후 회복 단계에 있는 사람들이 시행착오를 거치지 않고 건강을 찾도록 도움을 주고 싶다. 환자들이 주체적으로 자신의 몸을 관리해야 한다고 알려주고 싶다. 진짜 음식을 먹고 올바른 생활습관을 통해 건강하게 살아가도록 돕고 싶다. 최소 하루 한 끼 야채식으로 건강한 식사를 하는 것이 건강을 찾는 첫걸음임을 알리고 싶다.

접촉 시대에서 접속 시대로 전환되었다. 온라인상에서 만나는 것이 더 익숙해진 오늘날이다. 온라인은 더 다양한 사람들과 교류할 수 있고, 시 공간을 초월하기에 매력이 있다. 가르치는 위치에 있는 필자를 사람들은 선생님이라고 부른다. 학창시절부터 간절히 바라던 교사의 꿈이 이루어진 것이다. 방구석에서 이룬 혁명이라고 할 수 있겠다. 지난 3월에는 마케팅 회사의 수강생이 되었다. 잠시 컨설팅을 할 기회가 주어졌다. 한 달 만에 약 300만 원의 수익이 발생하여 이례적인 성과를 냈다며 강의할 기회도 주어졌다. 이것이야말로 방구석에서 이루어 낸 진정한 디지털 노마드의 삶이 아니겠는가?

이 모든 것들이 온택트 시대가 된 덕분에 이루어진 것이다. 지금 상황이 어렵다고 손 놓고 있을 수만 없지 않은가?

286세대로 60대 컴맹인 필자도 새로운 문물을 받아들이기 위해 부단히 애쓰고 있다. 젊은이들이 1시간이면 습득할 기능을 10시간을 투자해도 될 듯 말 듯이다. 그럼에도 좌충우돌 부딪히면서 끊임없이 재도전하고 있다. 3P바인더를 3개월간 배웠어도 사용하기에 벅찬 1인이다. 이런 부족한 사람도 유튜브도 운영하고, 인스타도 하고, 블로그 포스팅도 한다. 물론 허접하고 완성도가 낮은 결과물이지만 일단 도전한다는 데 의미를 부여한다. 이 글을 읽는 여러분은 나보다 더 잘 할 수 있을 것이다. 도전하는 데는 기술이 필요 없다. 마음만 먹으면 된다. 그리고 될 때까지 포기하지 않고 지속적으로 하면 반드시 원하는 대로 이룰 것이다. 도전하고자 하는 모든 이들을 응원한다.

속히 펜데믹 상황이 끝나길 기원하며 광주광역시 우리 집 방구석에서

진짜오드리 고은혜 드림

CHAPTER 3

새벽에
꿈을 이루는 엄마

권혜란

"자녀와 엄마의 행복한 공부와 성장을 돕는 선한영향 루씨쌤, 권혜란 입니다."
엄마의 변화와 도전, 성장하는 과정을 공유하여 새벽에 꿈을 이루고 싶은 엄마들
을 돕고 싶습니다.

- 현) 매일성장연구소 대표
- 현) 3P셀프리더십 마스터코치
- 현) '신문아놀자!' 교육 프로그램 운영
- 현) 교육플래너 (초등교육 일대일코칭)
- 현) '매일성장미모' 미라클모닝 프로그램 운영
- 현) 미모북클럽, 미모닝나비, 주말독서 씨앗나비, 새싹나비 등
        다수의 온라인 독서모임 운영
- 현) 엄마표 생활영어 '엄생뽀' 온라인 스터디 공동운영
- 전) 사립초등학교 영어강사
- 전) 영어과외 리딩&영자신문 수업

• 네이버 : '선한영향루씨'를 검색하세요!
• 인스타 : '선한영향루씨'를 검색하세요!
• 카페 : '매일성장연구소'를 검색하세요!

CONTENTS

'아이의 성공이 곧 나의 성공'이라고 믿었다

아이 출산과 동시에 내 일은 접어두고 오직 육아에만 전념했다. 주위에서는 그동안의 내 경력이 아깝다고들 했다. 출산 후 곧 다시 일하는 게 낫지 않겠냐며, 나중에 후회할 수도 있다는 얘기를 정말 많이 들었다. 하지만, 나는 내 아이를 잘 키우고 교육하는 일이 나의 역할이라고 자신했다. 나는 아이에게 온갖 정성을 쏟아부었다.

사립 초등학교에서 전 학년 영어 담당 강사로, 또 대치동에 영어 강사로 많은 초등학생을 가르쳤다. 그동안 쌓아온 경력과 대치동의 사교육 정보에 정통한 덕에 내 아이는 적기? 에 사교육을 잘 활용할 자신이 있었다. 그러나 막상 내 아이 6세 후반부터는 계획했던 이상으로 사교육을 시켰다. 소위 말하는 최상위 로드맵으로 달리기 시작했다. (물론, 혹자는 6세 후반이면 적기라고 말할 수도 있다) 문제는 9세 아이의 과제가 밤 11시가 되어도 끝나지 않는다는 것이었다. 시간이 지날수록 그런 날이 점차 많아졌고, 급기야는 자정 넘어 잠자리에 들곤 했다.

아이는 순하디순했고 하라고 하면 하는 착한 성향을 가졌다. 사교육을 시키는 대로 아웃풋도 나오니 내 욕심은 점점 더 커져만 갔다. 아이가 잘하는 것보다 잘하지 못하는 점이 눈에 더 들어왔다. 아이의 성실함이나 장점에 대한 칭찬 대신 부족한 부분 채우기에 급급했다. '내 아이의 부족한 부분을 어떻게 채워줄 수 있을까?' '이렇게 해서 아이가 되고 싶어 하는 자동차 디자이너가 될 수 있을까? 그러려면 수학 과학 영어는 기본이고 독일어도 어릴 때부터 시작하면 좋은데!' 나의 기우로 인해 아이의 학습량은 점점 더 늘어만 갔다.

아이 취침 시각이 자정 넘는 날이 많아지자, 문득 의구심이 들기 시작했다. 이게 다 내 아이를 위한 것이라지만, 아이보다도 나의 불안감을 해소하기 위한 것은 아닌지? 나의 욕심을 채우고 있는 건 아닌지? 어쩌면 그렇다는 것을 알고 있었음에도 외면해온 것일 수도 있다. '정말 내 아이를 위한 것일까?' '내 아이는 진정 행복할까?' 앞으로 10년 넘게 이렇게 해야 한다는 생각에 괴로웠다.

지금껏 '이 길뿐이야. 현재 이 교육시스템과 사회 제도가 마음에 들지 않더라도 나의 작은 힘으로는 바꿀 수 없잖아. 내가 제도에 맞춰야지 어쩌겠어.'라고 생각하며 달려왔다. 나의 판단에 의심이 든 순간, 어둠 속 한 줄기 빛을 보며 따라갔던 그 길이 칠흑같이 깜깜해졌다. 이제 겨우 초등학교 2학년인데… 학년이 올라갈수록 주어진 과제가 많으면 더 많았지 줄어들 리는 없다. '비상'이라는 문구가 머릿속에 맴돌았다.

그즈음, 동네에서 유명한 수학학원에 '레벨테스트'를 보러 갔다. 이미 초등 TOP3 수학학원의 레벨테스트는 다 받아 보았다. 이곳은 새로운 곳인데 왜 유명한지 커리큘럼과 교재가 궁금했고 테스트 결과는 더 궁금했다. 며칠 후, 결과 들으러 갔다가 놀라운 사실을 접했다. 수학을 좋아했던 내 아이의 테스트 성적은 우수해서 탑 반에 배정받았지만, 심리 테스트에서 아이가 수학을 싫다고 했다. 수학을 좋아해서, 잘해서 열심히 시킨 건데… 이젠 수학이 싫다니! 오, 마이 갓!!

아이러니하게도 '비상'사태에서조차 나는 바로 그만두지 못했다. 그동안 내 아이에게 투자한 시간과 돈이 얼마인데… 오랜 시간 동안 공들인 게 아까워 망설였다. '혹시라도 내가 잘못 판단한 거면 어떡하지?' 내심 내가 잘못 판단했길 바랐다. 그렇다고 지금까지 해오던 것과 똑같이 계속 밀고 나갈 수도 없었다. 한시라도 빨리 그 상황을 해결하고 싶었다. 그때부터 미친 듯이 책을 읽고 강의를 들으며 요즘 세상 돌아가는 상황 파악에 힘썼다. 과연 내 판단이 옳은 건지 알고 싶어 친인척들과 지인들, 인맥을 총동원했다. 대학교수, 대기업 임원 면접관 등으로 재직하시는 분들을 만나 뵙거나 전화 통화를 하며 질문을 쏟아냈다. 학벌과 스펙 vs 실력 어느 것이 더 중요한지? 미래의 교육을 어떻게 예측하는지 등등.

그제야 비로소 세상 공부를 시작했다. 이때부터 다양한 분야의 책들을 미친 듯이 읽었다. 그로부터 1년, 내가 성인이 된 후 여태껏 읽었던 책들보다 훨씬 더 많은 책을 읽었다. 세상의 흐름과 미래 교육, 인문학과 미래예측에 관한 강의는 비싼 강의료를 지불하더라도 많이 듣고자 노력했다. 돌이켜 보니, 아이의 교육 문제를 개선하고자 하는 과정에서 내가 많이 성장했다. 아이 덕에 엄마가 변화하고 성장한 것이다.

새벽형 인간으로 다시 태어나다!

아이에게만 매달릴 것이 아니라, 나를 위해서도 시간을 보내야겠다고 다짐했다. 변화와 성장을 갈망하며 지금껏 해보지 않던 일에도 도전했다. 이번 생애에서는 가능할 거라 상상도 못 했던 새벽 기상에도 도전했다. 내가 나만의 시간을 확보하기 위해 밤이 아닌 새벽을 선택한 이유는 크게 세 가지다.

1) 뇌의 골든타임이 기상 후 2~3시간이다. 하루 중 가장 집중력이 높은 시간대에 가장 중요한 일을 끝내며 하루를 시작할 수 있다. 《신의 시간술》의 저자 가바사와 시온 박사는 아침 30분은 밤의 2시간에 필적한다고 했다. 아침 시간은 4배의 시간 가치가 있으며 이 골든타임을 활용해 집필도 하고 집중력이 필요한 업무를 끝낸다고 한다.

2) 밤에는 변수가 너무 많다! 나는 올빼미 중에서도 상 올빼미였기에 새벽 1~2시는 기본이고 그날 컨디션이 좋으면 새벽 4시즈음 취침했다. 가끔은 밤을 홀딱 새기도 했다. 공부든 독서든 밤에도 집중은 잘 되었다. 문

제는 예상치 못한 일이 생기면 내 계획대로 할 수가 없다는 것이다. 내 계획대로라면 아이들을 밤 9시에 재우고 나는 9시부터 12시까지 딱 세 시간 집중해서 무언가를 할 수 있다. 그러나 현실적으로 크게 네 가지의 변수가 있었다.

❶ 아이들이 오늘따라 에너지가 넘쳐흐른다. 약속대로 밤 9시에 침대로 가긴 했는데, 9시 반이 되었는데도 둘이 수다 떠는 소리가 들린다. 아이들을 재우기 위해 책 한 권을 읽어주고 오니 10시가 되었다.

❷ 예정에도 없던 가족의 방문이 생겼다. (우린 아주 사이좋은 올빼미 대가족이다!) 저녁 8시에 다 같이 식사를 하고, 이야기 나누다가 밤 11시에 헤어진다. 정리하고 나면 이미 자정, 잘 시간이 된다.

❸ 남편이 퇴근 후 같이 시간을 보내고 싶어 한다. 밤 9시에 시작한 맥주 한 잔은 끝날 줄을 모른다. 나는 술을 거의 마시지 않는데 옆에 앉아 대화를 나누거나 함께 TV 보기 등… 가장의 기분 좀 맞춰주다 보니 이미 자정이 지난다.

❹ 보상심리가 갑툭튀 하는 날이다. 심지어 아무도 방해하지 않아 집중도 잘 되는데 스스로가 '오늘 하루는 공부 보단 좀 쉬어야겠어. 나 오늘 열심히 잘했잖아. 나에게도 선물을 줘야 해. 영화 딱 한편만 보자!' 이런 심리가 발동되는 날이 있다. 영화 한 편은 곧 두 편으로 이어진다. 특히, 미드의 경우 에피소드를 연속해 여러 개를 보다가 밤을 꼴딱 새 버린다. 그리고 영화 볼 땐 늘 야식을 함께 했다. 연이

어 이틀을 밤새고 나면 영락없이 감기 기운이 스멀스멀 올라온다. 보상심리는 주로 하루를 마무리하는 시점에 크게 작용한다.

이 밖에, 외출 후 교통체증으로 귀가 시간이 늦어지는 날도 있고, 아이들이 아프기라도 하면 엄마들은 밤새 간호해야 하고 병원에 가야 할 일이 생기기도 한다. 이 모든 상황이 예상치 못한 일들이다. 내가 아무리 계획대로 잘 실천하려고 해도 외부환경은 통제 불가능하다. 반면, 새벽 기상은 일단 내가 일어나기만 하면! 내 계획대로 할 수 있으니까. 변수도 훨씬 적고 나만 잘하면 시간활용도 잘 할 수 있다.

3) 내가 내 시간을 통제하고, 주도적인 삶을 위해 미라클 나이트에서 미라클 모닝으로 전환했다. 물론, 그 과정이 쉽지는 않았다. 새벽 기상을 시작한 첫 달에는, 수시로 좀비로 변신했다. 오전엔 그래도 살만했는데 점심 식사 후 오후가 되면 엄청나게 졸리고, 피곤한 느낌이었다. (이건 지극히 정상적인 과정이니 걱정하지 마시길!) 이럴 때마다 내가 새벽 기상을 하는 이유, 내가 새벽 시간을 통해 이루고 싶은 것들을 상기시키는 것이 큰 도움이 되었다.

새벽 기상에서 미라클 모닝으로!

새벽기상 지속을 위한 10가지 팁!

새벽 기상 4시~4시 반을 3년째 해오고 있는 나의 노하우를 소개한다.

1) 전날 일찍 잠자리에 든다! 이것이 새벽 기상의 가장 기본이자 핵심이다. (정말 심플한데, 나처럼 야행성이었던 사람들은 이른 취침이 가장 어렵다!) 아이들도 일찍 재우고 (뮤직멘토 김연수 님의 '미라클 베드타임' 책과 온라인 프로그램 추천!) 하루 마감시간도 조금 앞당겨보자.

2) 적정 수면시간을 유지한다.
최근에 강의 등으로 취침 시각이 조금 늦어지면서 새벽 기상 시각도 30분을 늦추었다. 적정 수면시간 유지를 위해서다. 평소보다 일찍 일어나는 시간만큼 취침 시각도 앞당겨야 한다. 그래야 건강하게 꾸준히 지속할 수 있다.

3) 예전처럼 밤 생활을 유지하면서 새벽 기상도 하겠다는 욕심은 버려야 한다. 여전히 밤의 문화도 즐기며 새벽 기상까지 동시에 하려고 하면 십중팔구 몸에 무리가 온다. 다시 한번 말하지만, 수면시간을 줄여가면서 새벽 기상을 하는 것이 아니다. 오래 지속하지도 못 할 뿐 아니라, 자신을 더 피곤하게 할 뿐이다!

4) 수면시간을 줄이지 않았는데도 내가 피곤한 건 신체 리듬의 변화 때문이다. 지난 몇십 년간의 수면시간, 라이프 스타일이바뀌는데 피곤하지 않다면 그게 더 이상하다. 초반에는 피곤한 게 당연하며 시간이 지나면서 점차 괜찮아진다. 새벽 기상한 지 어느 정도 시간이 흘렀는데도 피곤하다면, '새벽 기상'을 해서 피곤한 것이 아니다. '새벽 기상'을 하지 않아도 지금 내가 피곤한 상태이다.

5) 자기 전에 내일 새벽에 하고 싶은 것(이 일을 떠올리며 기분이 좋아야 한다!)과 새벽 루틴을 생각한다. 그리고, 새벽에 할 것 중에 자신이 좋아하는 일과 관련된 물건을 알람 옆에 놓는다. 나는 전날 밤에 읽던 책을 알람 옆에 두고 잔다. 새벽 잠결에 그 책을 보고, 바로 일어날 수 있도록 알람 옆에 보이게 둔다. '자신의 기분을 좋게 하는 물건'이 포인트다!

6) 알람 위치는 침대에서 조금 떨어진 곳에 두는 것이 좋다. 알람을 끄기 위해 몸을 일으켜야 하는 곳이 좋으나 알람 소리에 새벽기상을 하지 않는 식구들이 깰 수도 있으므로 너무 멀리에는 두지 않는다. 알람 설정은 되도록 하나만 한다. 시간을 달리하여 여러 개를 설정해두면 무의식중에 끄게 된다. 어차피 조금 뒤에 또 울릴 것이기 때문이다. 가족들의 수면에도 방해

가 되지 않도록 한다.

7) 알람을 끄고, 곧바로 새벽 샤워를 한다. 샤워하면 잠이 확실히 깨고, 머리가 맑아지고 기분도 상쾌해진다. 따뜻한 물로 샤워를 하면 체온이 올라가고, 심장 박동 수도 올라간다. 샤워 후 일의 집중도 또한 올라간다. 게다가 샤워 후 헤어드라이어까지 하고 나면 다시 침대로 갈 확률은 낮아진다. 새벽이라 드라이기 소리가 너무 클 수도 있으므로 저소음 또는 무소음 드라이기도 준비하면 좋다.

8) 아침 공복에 마시는 따뜻한 물 한잔은 '보약'이라는 말이 있다. 기상 직후 따뜻한 물 한잔은 노폐물 배출에 도움이 되고, 장운동을 도와 배변도 원활하게 하기 때문이다. 아침 공복에는 체온보다 약간 낮은 30도 전후의 미지근한 물을 마시는 것이 좋다.

9) 잠 깨려고 커피 대신 건강 주스 마시기!

새벽 기상을 시작하고 올봄, 건강 주스를 마시기 전까지 나는 커피를 마셨다. 공복에 마시는 커피는 좋지 않다고 하여 빵, 떡 등 간식도 함께 먹었다. 그러다 올봄부터 마시게 된 PM 주스로 새벽부터 군것질하는 안 좋은 습관도 끊어냄과 동시에 영양도 공급하게 되었다. 건강도 챙기며 하자!

10) 새벽의 고요함 속에 녹화본이나 동영상을 보다 보면 나도 모르게 졸음이 밀려올 수 있다. 나는 새벽 기상 초기에 다시 침대로 가고 싶은 유혹과 얼마나 싸웠는지 모른다. 그래서 내 의지보다 강력한 환경을 설계했다. 실시간 소통을 위한 줌의 환경으로 들어간다. 수동적으로 화면만 보고 있

지 않고, 나도 말할 수 있는 환경이라면 더 좋다! 나는 함께 새벽 기상 하는 분들과 줌에서 만나 책을 돌아가며 읽는 낭독클럽과 독서 나눔 등으로 잠도 달아나게 하고, 유익한 시간도 보낸다.

새벽 기상에 성공했다면, 기상 후 무엇을 해야 하냐는 질문을 많이 받는다. 새벽 기상과 미라클 모닝은 같은 의미가 아니다. 단순히 일찍 일어나는 것과 기적의 아침은 다르다. 일찍 일어나서 게임이나 쇼핑, SNS 답하기 등에 새벽 시간을 다 보냈다면 미라클 모닝과는 거리가 멀다. 새벽 기상을 '미라클모닝'으로 만들기 위해 참고할만한 나의 새벽 루틴을 소개한다.

기적을 만드는 나의 새벽 루틴

1) 긍정 확언

나는 매일 새벽 4시 반, 눈뜨자마자 긍정 확언으로 새벽을 연다.

굿모닝~북모닝~미라클모닝^^
♡선한영향루씨 / 권혜란의 긍정확언
- 나는 나를 사랑한다.
- 나는 지혜롭고 현명하다.
- 나는 매력 있는 사람이다.
- 나는 늘 깨어 있고 에너지가 충만하며 생기가 넘친다.

- 나는 인생에서 모든 좋은 것에 집중한다.
- 나는 항상 건강하고 행복하며 이는 주위 모든 사람에게도 도움이 된다.
- 나는 주위에 긍정에너지를 전달하며 선한 영향력을 미친다.
- 나는 내가 할 수 있는 최고의 능력을 최선을 다해 발현시키면서 묵묵히 쉬지 않고 나아간다.
- 나는 날마다 성장하며 나에게는 놀라운 가능성과 지치지 않는 열정이 있다.
- 나는 나의 열정과 재능을 나누어 사회에 기여한다.
- 나는 나 자신의 기업, 내 인생의 CEO다.
- 나는 내 인생을 사랑하고 즐긴다.

- 행복은 바로 지금 여기에!
  모든 것은 '내 마음에' 달려있다!

오늘도 감사합니다♥
오늘은 내 생애 최고의 날입니다.

긍정 확언은 나와 나의 삶에 대해 확신을 담아 긍정적으로 말하는 것이다. 긍정 확언은 내 무의식에 내재되어 있던 부정적 신념을 버리고, 나의 가능성을 확대하고 성장시키는 작용을 한다. 나는 2019년 여름, 3P 바인더를 만나며 긍정 확언을 시작했다. 처음에 7줄로 시작하여 좋은 문구가 생각날 때마다 추가하고 수정하고 다듬어서 현재의 긍정 확언이 만들어졌다.

2) 세 줄 감사일기

우리 몸에는 자율신경계가 있는데 스트레스를 받으면 교감신경이, 마음이 편안하면 부교감 신경이 나온다. 감사일기를 쓰면 감사와 관련된 언어를 봄으로써 교감 신경에서 벗어날 수 있고, 행복의 의미를 부여하면 뇌에서 행복 호르몬(세로토닌, 도파민, 옥시토신, 엔도르핀)이 분비된다.

나는 감사일기 쓰기를 습관화하기 위해 부담스럽지 않은 단 한 줄로 시작했다. 곧 하루 세 개, 세줄 감사일기로 이어졌다. 오늘도 새벽 기상을 하여 오롯이 나만을 위한 me-time을 가질 수 있음에 감사드리고, 아이들이 깨지 않고 숙면하여 건강함에도 감사하였다. 또 환절기임에도 불구하고 가족들이 감기 한 번 안 걸리며 건강함에도 감사하였다. 감사일기를 쓰는 동안 내 마음도 기쁨과 행복으로 점점 더 충만해진다.

3) 3P 바인더

《타임매직》의 저자인 리 코커렐은 "시간관리는 곧 자신의 일과 인생을 위한 관리, 자기경영의 기본이자 핵심이다."라고 했다. 나는 감사일기 다음 루틴으로 나의 비서, 3P 바인더를 펼친다. 평소 3P 바인더에 내 목표들을 기록하고, 그 목표들을 쪼개어 월간, 주간계획을 세운다. 기록관리와 함께 시간 관리도 동시에 한다. 바인더의 weekly 섹션, 주간 스케줄을 펼친다. 매일 새벽 5분을 투자하여 오늘의 하이라이트(가장 중요한 일 또는 이벤트)를 제일 먼저 기록하고, 투두리스트를 적는다. '우선순위'를 정하고 시간 배치도 한다. 잠자리에 들기 전 5분 피드백을 한다.

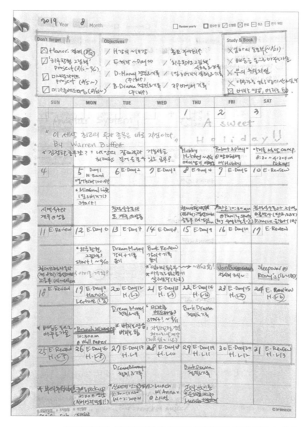

2019년 8월, 온라인 한달쓰기 3기 과정 때 작성했던 월간 스케줄
(3P 자기경영연구소 카페, 한달 쓰기 공지에 모범 예시로도 소개되었다)

4) 취미를 특기로! 새벽 독서

3P 바인더로 데이플래닝을 마치고 나면 독서로 새벽을 즐긴다. 매주 1~2회 내가 독서 리더로 활동하고 있는 '미모북클럽'(미라클모닝 북클럽)의 온라인 독서 모임이 있는 날에는 짧게, 다른 날들은 최소 30분 이상 독서를 한다. 형광펜으로 밑줄을 긋고 별표 치고 아이디어를 적으며 메모 독서 즉, 아

웃풋 독서를 한다. 고요하고 아무에게도 방해받지 않는 시간이어서 몰입독서가 가능하다. 그렇게 매일 독서를 하다 보니 독서 근육이 생겼고 책 읽기에도 속도가 붙었다. 이 시간을 통해 취미였던 독서가 습관이 되고, 일상이 되었다. 꾸준한 독서와 함께 서점과 도서관을 다니며 책을 보는 눈을 키웠다. 독서 후 다양하게 독서 노트를 만들어보고 꾸준히 기록하다 보니 나만의 노하우도 생겼다. 그리고 지금 그 노하우를 북클럽에서 나누고 있다. 새벽시간을 활용하여 취미를 특기로 바꾼 것이다. 새벽 독서의 힘은 강력하다.

5) 신문으로 세상 읽기

세상의 흐름과 전망을 알기에 가장 좋은 신문 읽기. 우리 부부는 신문 두 개를 구독 중이다. (아이들은 어린이동아, 어린이경제, 영자신문 구독중) 처음엔 신문이 쌓일까 봐 아이들과 어린이신문만 매일 읽었다. (엄마도 어린이신문 보며 배우는 것이 있고 읽는 재미 또한 쏠쏠하다! 아이와 함께 읽으며 신문읽기 습관을 들이기에도 좋고, 궁금한 건 같이 인터넷 검색도 하며 대화를 나누니 아이도 좋아한다.) 어른 신문은 올봄부터 다시 매일 읽는다. 신문을 읽다가 나의 업에 관련된 기사나 중요한 기사를 바인더에 스크랩하고 적용할 점을 기록 중이다. 신문 기사를 읽고 내 삶에 어떤 영향을 미칠지 생각해보고, 난 무엇을, 어떻게 준비해야 할지, 어떤 점을 바로 적용해볼 것인지 고민하고 기록하는 것이 핵심이다. 이렇게 꾸준히 신문으로 세상 읽기를 통해 통찰력도 얻고자 한다.

플러스! 내 아이가 신문읽기 습관을 갖고자 희망한다면 엄마부터 신문 읽기를 시작해야 한다. 엄마도 신문읽는 모습을 자주 보여주자!

위와 같이, 5가지를 매일 새벽 루틴으로 하고 있다. 취미 수준의 독서는 특기로 발전시켰고, 온라인 독서 모임을 열어 독서 모임 리더로 활동 중이다. 신문스크랩은 아이들뿐 아니라 엄마들도 대상으로 〈매일신문습관-신문으로 세상읽기〉 강의로 이어졌고, 이와 관련된 책도 곧 출간될 예정이다.

새벽 시간을 활용하여 내가 좋아하는 것을 꾸준히 지속하여 나만의 강점으로 만들어 보자! 흘러가는 시간인 크로노스에 의미를 부여하여 카이로스적 시간을 만들자! 취미를 특기 또는 나의 주 업무로 발전시킨 사례는 정말 많다. 함께 [매일성장미모] 프로젝트에 참여하면서 책을 출간하여 작가로 출강도 하고, 글쓰기와 책 쓰기 프로젝트를 진행하는 분들도 계시고, 독립출판사를 세우고 사업을 시작하신 분도 계시다. 함께 미라클모닝(미모닝)하는 분들께 재능기부 강의를 시작으로 온라인 프로그램을 만드신 분, 프로젝트를 여신분, 출강 등 또 다른 수입원을 추가하시기도 하고 아예 퇴사 후 새로운 삶을 사시는 분들도 계시다. 기억하자! 어떤 일을 최소 1년 이상 꾸준히 지속하게 되면 그 일이 나의 콘텐츠가 될 수도 있다.

생산자의 삶을 열다
- 온라인 프로젝트 리더가 된 엄마

1) 나의 지식과 노하우를 수입으로 연결하다, 신문+독서+영상 융합교육 '신문아놀자!'

큰아이를 한때 대치동 학원가로 데리고 다닐 때도 내려놓지 못했던 것 중 하나가 '어린이신문' 읽기였다. 그땐 아이가 학원 과제가 많아서 취침 시각이 늦어지니 우선순위에서 자주 밀렸다. 그럼에도 '신문 읽기'에 대한 미련을 버리지는 못했다. 큰아이 7세에 시작, 9세에 예체능을 뺀 사교육을 멈추면서 다시 시작한 신문 활동은 그 이후로 쭉 해오고 있다. 둘째도 오빠 따라서 7세부터 지금까지 신문기사를 읽고 다양한 활동들

을 해오고 있다. 3P 바인더를 만난 이후로는 바인더에 스크랩을 하고 있으며, 현재 두 아이의 신문스크랩 노트는 20권이 넘는다.

아이들의 사고력, 창의력 키우기와 읽기 능력 향상, 독서 습관 들이기에 신문만 한 매체는 없다. 신문읽기의 중요성은 아무리 강조해도 지나치지 않다. 신문이야말로 우리 아이가 주위와 세상에 관심을 갖게 하는데 좋은 도구라 생각한다. 또, 아이의 호기심도 자극하며 관심 분야도 파악할 수 있게 돕는다. 사회현상에 대한 관심도도 높아지며 대화의 폭도 넓어진다. 논리력과 문제해결력도 기르고, 머릿속에 쌓여가는 배경지식은 덤으로 따라온다.

영어강사로 영어수업을 한창 할 때 ENIE(English Newspaper in Education: 영자신문 활용 교육)를 오랫동안 진행해 온 경험과 우리 아이들 NIE (신문활용교육) 노하우에 독서와 영상을 융합하여 '신문아놀자!' 온라인

교육 프로그램을 오픈했다.

신문아놀자! 프로그램에 1년 이상 참여해오고 있는 친구들의 제일 많이 향상된 능력은 읽기와 쓰기이다. 전에는 몰랐던 자녀의 관심사를 알게 되기도 한다. 또 신문아놀자!에서 매달 2회씩 하는 신문 자유기사 발표를 통해 학생들은 자기주도 학습능력뿐 아니라, 발표력도 키우고 있다. PPT 실력향상은 덤이다.

자녀의 신문 읽기 습관을 위해서는 신문이 재미있는 매체라는 것을 인식시켜줘야 한다. 처음부터 아이 혼자 다 읽고 스크랩하라고 두거나, 기사를 여러 개 읽히고 많이 쓰게 하며 학습으로 접근하며 부담을 주지는 말자. 특히, 초등 중학년까지는 '쉽고, 재미있게'가 핵심이다.

유치원생들은 초성퀴즈를 통해 한글 읽기와 쓰기 활동도 가능하고, 제한 시간을 두고 단어 많이 찾기 게임을 할 수도 있다. 신문 광고를 활용하여 오리고 붙이고, 글자도 써보며 놀이처럼 접근할 수도 있다.

초등 저학년들은 N 행시 짓기와 끝말잇기, 기사와 관련한 글감으로 동시 짓기, 골든벨 퀴즈 만들기 등으로 재미있게 하여 신문읽기의 지속력을 강화해야 한다. 기사를 읽다가 좋아하는 인물이 나오면 그 인물에 관한 책을 읽거나 인터넷 검색 또는 영상을 찾아보기도 한다. 신문을 통해 어휘력 키우기, 연계독서 후 간단한 쓰기 활동들도 할 수 있다.

초등 고학년은 기사를 골라 읽고 핵심어 고르기와 주제문 찾기, 요약하기, 나의 생각 써보기 등으로 시작해 원인과 결과 분석하기, 비교와 대조하며 읽기, 찬성과 반대편에 서서 읽기 등 다양한 비판적 글 읽기 활동이 가능하다. 자신이 고른 기사로, 자신이 원하는 읽기로 진행하기에 학습으로 다가오는 부담도 줄일 수 있다. 신문읽기에 익숙해지면 위의 활동에서 글쓰기까지 확대한다.

'신문아놀자!'에서는 다양한 방법들을 제공한다. 줌에서 만난 친구들과 형님들을 통해 동기부여도 해준다. 신문+독서+영상 융합 교육으로 생활 속에 자연스레 녹아있는 산교육을 지향한다.

매일 하루 10분만 신문에 투자해보자! 반복은 습관이 되고, 좋은 습관은 부모가 자녀에게 줄 수 있는 최고의 선물이다.

2) 잘하는 것을 수익화하기, 엄마표 생활영어 뽀개기 '엄생뽀' 온라인 스터디

엄마표 생활영어 뽀개기, '엄생뽀'는 온라인 영어 말하기 스터디이다.

블로그 강사로 유명한 '자유의지'님과 협업으로 진행한다. 2020년 4월, 시즌 1로 시작해 2021년 1월 시즌 2가 시작되었고, 10월에 시즌 3이 시작된다. 내 아기, 아이에게 영어로 말을 건네고 아이와 대화하고 싶은 엄마들을 위한 프로그램이다. 엄마 공부를 위해 cd를 듣고 영어 말하기를 하는데, 자연스레 영어 노출이 된 유치원생, 초등 자매가 오히려 엄마에게 영어로 말해서 놀랐다는 후기들도 많다.

하루 3문장씩 4주간 84문장+유용한 표현까지 100문장 넘는 표현을 내 것으로 만드는 것이 목표이다. 매일 하루 세 문장을 소리내어 반복해 말해보고, 일상에서 영어로 대화할 수 있도록 다양한 방법으로 복습과 반복을 도와드리고 있다. 혼자 하면 하루에 더 많은 문장을 암기할 수 있지만, 지속성이 어렵다. 함께라서 즐겁고 꾸준하게 할 수 있다.

3) 환경설계로 타인과 나의 동반성장, 매일 성장을 위한 미라클모닝, '매일성장미모'와 새벽북클럽 '미모닝나비'

엄마들의 새벽 기상, 미라클 모닝을 돕는 프로그램이다. 이것은 고객들의 니즈에 의해 만들어진 프로그램이다. '신문아놀자!' 프로그램 1기에 참여하고 계셨던 분들이 새벽 기상 노하우에 관한 질문들을 여러번 주셨다. 그때, 《미라클모닝》 책의 '당신이 될 수 있는 최고의 사람으로 성장하고, 꿈을 추구하며, 다른 사람들도 그렇게 할 수 있도록 영감을 주어야 한다. 그것이 바로 당신의 목표다.' 문장에 자극과 동기부여를 받아 바로 실행에 옮겨 만들었다.

같은 목표를 가지고 동기부여가 된 엄마들이 모여 함께 하기에 시너지가 높다. 단순히 새벽 기상에 그치지 않고, 요일별로 다양한 프로그램이 운영된다. 월요일엔 같은 책을 가지고 함께 돌아가며 읽는 낭독 클럽, 화요일은 각자의 자기계발을 위한 시간, 수요일엔 책을 읽고 나눔을, 목요일엔 특강을, 금요일엔 글쓰기(블로그 포스팅, 또는 책 쓰기)를 한다. 특강은 내가 직접 강의하는 날도 있지만, 저자분을 친히 모셔서 온라인 저자 특강을 하기도 하고 저자와 함께 소규모 북토크를 하기도 한다. 또 함께 새벽 기상하시는 '매일성장미모' 회원분들의 재능기부 나눔도 있다. 이렇게 함으로써, 나의 재능과 노하우를 나누어 함께 성장하는 삶의 가치도 실현한다.

4) 좋아하는 것을 돈으로 바꾸다 '온라인 독서모임': 교육 컨셉 독서 '씨앗나비'와 '새싹나비'

바쁜 엄마들을 위한 주말 아침 7시~8시 목적 있는 독서모임이다. '교육' 컨셉으로 예비 초등과 초등 엄마들이 대상이다. 교육서들 리스트를 드려 책을 먼저 읽고 독서 나눔을 하고 원페이지 리딩 노트를 공유한다. 책을 읽고 글로 또는 말로 바로 아웃풋 하는 게 정말 좋은데, 독서 모임은 말로 아웃풋 하기에 너무 좋다. 주말 아침 8시에 끝나서 독서 나눔 후 주말 시간 활용도 가능하다! 5주 차에는 자녀 교육 관련 미니 특강과 Q&A를 진행한다. zoom으로 진행하기에 어느 지역에 거주하든 인터넷 접속만 되면 어디서든 참석이 가능하든 장점이 있다. 여행지에서도 새벽에, 아침에 독서 모임에 참여하셔서 함께 독서 나눔을 하신다. 소소하지만 확실한 행복이다!

누구에게나 자신만의 노하우, 경험과 지식이 있다. 자신이 가진 경험이나 노하우를 나누어 타인의 성장과 발전을 돕는 박현근 코치가 대표적 메신저이다. 나도 온라인 플랫폼, 다양한 프로젝트를 통해 나의 콘텐츠를 전달하며 엄마들과 함께 성장하고 있다. 무얼 나누어야 할지 모르겠다면, 사람들이 나에게 자주 묻는 '그것'이 바로 콘텐츠이다. 그 콘텐츠로 시작해 생산자의 삶을 열 수 있다.

내가 할 수 있는 작은 것 하나부터 지금 바로 실행에 옮겨보자. 모든 변화는 작은 행동 하나에서 시작된다. One Day, One Action!

CHAPTER 4

도전을 꿈꾸는
여성을 돕는
메신저

김 민 혜

나를 찾기 프로젝트 연구소 대표.
도전을 꿈꾸는 여성분들의 첫 시작을 돕고 있는 입술온도 김민혜 입니다. 입술에서 뱉는 말들로 따뜻한 온도를 전하고 싶어서 '입술의 온도를 높이자'는 의미를 담았습니다. 9년차 블로거 이고 거울나비 독서모임을 운영하고 있습니다. 책을 통해 오늘도 성장 중입니다. 블로그는 생각을 마음껏 표현하고 기분 좋은 공간으로 만드는 힘이 있습니다. 둘째를 낳고 유모차를 끌고 밖으로 나갔을 때 나와 같은 모습을 한 아기 엄마가 눈에 들어온 그때부터 제 인생은 시작되었습니다.

• 네이버 카페 https://cafe.naver.com/201217
• 블로그/유튜브 : 입술온도

CONTENTS

인생에서 쓸데없는 것은 하나도 없다

내 나이 서른 살. 결혼을 했다. 대학 졸업 후 서울에서만 살다 남편 직장이전으로 내려간 대전은 적응하기가 힘들었다. 집 앞에 있는 작은 공원이 전부였다. 바로 이력서를 냈고 25분 거리에 있는 골프회사로 취직 했다. '너는 하나를 알려주면 열을 알아' 나를 인정해 준 선배에게 들었던 말이다. 새로운 시작을 하는 나에게 힘이 되었던 칭찬들을 되새기며 첫 미션을 받았다. 홈페이지 첫 화면 리뉴얼 이었다. 완성된 디자인은 마음에 쏙 들었다. 하지만 나는 디자인이 너무나 힘든 사람이다. 정말 괴로웠다. 그 시간을 떠올리면 어떻게 버텼는지 모를 정도다. 그저 돈을 벌기 위한 수단이었을 뿐이다.

22살의 나는 매일 울었다. 지금도 그때를 생각하면 눈물이 난다. 어떻게 견뎠는지는 모른다. 28살에는 꿈에 그리던 대기업에 입사를 했다. 연말이면 호텔에서 부모님도 모시고 행사를 크게 하는 곳이었다. 그러나 회장님은 우리 디자인팀에게 직구를 날렸다. "디자인을 하랬지. 누가 거지같은 누더기 옷을 만들래?" 눈물이 났다. '나는 꽤 괜찮은 사람이야.'라고 출근을 하면 '나는 쓸모없는 사람이구나.'를 깨닫고 퇴근을 했다. 수정에 수정을 거쳐 완성한 디자인은 내가 만들었지만 내가 만든 것이 아니었다. 내 의견과 내 생각이 들어가지 않아야만 끝이 나는 게임이었다. 눈이 발끝에 달려있는 건지. 그거야 말로 누더기 옷을 입은 거지꼴인데 그게 좋단다. 그것을 인정하면 꼬박꼬박 월급이 나오는 시스템. 벗어나고 싶었다. 마무리는 막말을 일삼는 회장님께 디자인을 잘했다고 칭찬받고 10만원 까지 받으며 명예롭게 퇴사했다. 그 기업이 망하기만 바랐는데 그 회사는 현재 5배 이상 커졌고 여전히 승승장구 한다.

나는 사람을 좋아한다. 사람을 만나서 이야기해야 에너지가 만들어지는 타입이다. 가만히 입 다물고 앉아 남의 입맛에 맞춰주는 꼭두각시 였으니 얼마나 숨이 막혔을까. 29살에 UX기획자가 되겠노라며 박차고 일어났다. 도전은 아름다웠지만 적지 않은 나이라 결과는 참패했다. 다시 웹디자이너로 돌아갈 길이 있다는 안도감 이었을까? 절실함이 부족해서 였을까? 정말 나이가 많아서 였을까? 자존감은 바닥을 쳤다.

'나는 지금 행복한가?'
'나는 무엇을 하면 행복해질까?'

이 고민들을 매일 했다. 《고수의 질문법》책에서는 세상에서 가장 어려운 일이 자신의 모습을 객관적으로 보는 것이라 했다. 노란색연필로 그어놓은 흔적을 따라 시선을 옮겨보니 다섯줄로 적어놓은 메모가 있다. '그냥 해보는 것이다. 내 생각이 틀린 것이 아니라 다른 것이다. 우리는 다름을 인정해야 한다. 그동안 정답만 찾느라 틀린 것을 찾았다면, 두 개, 세 개의 정답도 있을 수 있음을 인정하고 다른 의견에도 귀를 기울여야 한다. 가장 중요한 것은 내 모습을 객관적으로 보는 것이다.' 힘들 때마다 느끼는 감정들을 블로그에 기록했다. 선배의 조언으로 영어공부도 시작했고, UX기획자에 도전했다. 나를 잘 아는 선배가 나의 멘토였다. 책을 좋아했던 선배와 함께 도서전을 가서 구입한 첫 책도 《모리와 함께한 화요일》이었다. 이 책은 10년 후 내가 운영하는 독서모임 선정도서가 됐다.

너무나도 평범한 삶을 살았기에 나의 이야기가 도움이 될거라고 전혀 생각하지 못했다. 하지만 틀렸다. 힘들었던 과거를 밖으로 꺼내보고 그것을 통해 무엇을 느꼈으며 어떤 다짐을 하고 여기까지 왔는지가 중요하다. 평범하고 못생긴 애벌레가 예쁜 나비가 되어가는 과정이 바로 콘텐츠다. 결과보다 과정이 중요하다. 누구에게나 첫 시작은 있고 그 시작은 미미 했을 것이다.

아는 사람과 1로 시작,
모르는 사람과 1로 시작

두려움에도 불구하고 행동하는 것이 '용기'라고 했다. 내가 가장 용기 있게 했던 행동은 독서모임에 참여한 것이다. 2020년 1월 코로나19 로부터 불안한 감정이 커지기 직전 독서모임에 참여하게 되었다. 마스크를 끼지 않고 만나 마스크를 벗으면 큰일 나는 순간까지 독서모임은 계속되었다. 그러던 중 갑자기 욕심이 났다. 무슨 배짱으로 '나도 한번 해봐야겠다.'라고 생각했는지 모른다. 책을 읽은 지 고작 3개월 밖에 되지 않았다. 진행 방법도몰랐다. 그냥 했다. 오전에 참여한 독서모임을 끝낸 후 쉬지 않고 지인에게 달려가 복습 하듯 연습했다. 책에 관심을 보인 지인은 출산 10일 전까지 다녔던 회사 상사였다. 독서 초보가 독서모임이라니. 말도 안 되게 서툴렀지만 무언가를 전달해 주는 것이 뿌듯했고 재밌었다. 독서모임에 참여할 때도 의자를 바짝 당겨 앉아 집중했었다. 책을 깨끗하게 보는 것에 익숙했지만 한 줄, 두 줄 메모 하면서 본개적 독서도 배울 수 있었다. 메모 독서법이라는 것을 실천한 것이다. 독서를 하며 생각나는 모든 것을 책 여백에 적었고, 그 메모를 지금 펼쳐보면 '이게 진짜 내 머릿속에서 나온 거 맞아?'묻고 싶을 정도로 놀랍다. 물론 처음에는 한 페이지 읽는 것도 힘들었다. '내가 잘 읽고 있는 건가?'의심한 채로 시간이 흘러갔다. 한 권의 책에서 하나만 실천 하는 것이 목표였다.

어느덧 모르는 사람도 만나보고 싶었다. 더 빨리 성장할 수 있을 것 같다는 생각이 들어 또 한 번 용기를 냈다. '책을 좋아하는 사람은 어디에서 만날 수 있을까?' 정답을 알 수 없으니 당근 마켓에도 구인구직 올리듯 모집 글을 썼다. 맘 카페에도 글을 썼다. 댓글이 달릴 때까지 두근두근 시간이 얼마나 지났을까?

"혹시 사이비 단체… 그런 게 아니라면 저 참여해보고 싶어요."

조금씩 마음을 여는 사람들이 생겨났다. 드디어 한 분과 만나기로 했다. 약속 전날 만나기로 했던 장소에 가서 어느 자리에 앉을지 어떤 이야기를 나눌지 리허설도 했다. 마냥 설레었다. 모르는 사람과 처음 시작한 독서모임 선정도서는 《하루 1번 목표를 말하는 습관》이었다. 자기 계발서로 초보가 읽기 쉬운 책이었다. 책을 읽으며 좋았던 부분의 페이지를 공유하고 느낀 점을 이야기했다. 같은 페이지를 읽고 서로 다른 생각을 하며 함께 성장했다. 두 번째 책《부의 인문학》책에서는 질문이 많이 쏟아졌다. 3번이나 재수강을 했던 하브루타 이야기도 했고 고객에게 어떤 것을 줄 수 있는지 많이 고민했었다. 하지만 점점 불안해지는 코로나19로 오프라인 모임을 유지해 나가는 것이 어려워 온라인 독서모임 '엄마의 온도'를 만들었다. 당시 줌 강의를 듣는 것에는 익숙했지만 강의를 한다는 것이 두려웠다. 오랜 시간 망설였다. 두려움에도 불구하고 행동해야 하는 용기. '그래! 배워서 하면

되지 뭐.'

줌 사용법은 유튜브 영상을 통해 해결했고 바로 독서모임 공지를 올렸다. 역시 처음에는 아는 지인들이 최고다. 마을공동체를 직접 운영하고 블로그 강의를 하는 '나를 찾기 프로젝트'를 이끌고 있었고, 전래놀이를 배워 엄마강사로 활동하고 있던 것이 큰 도움이 되었다. 한 달에 두 권의 책으로 만났다. 온라인 독서모임은 유료로 시작했다. 비용을 받는 것과 받지 않는 것은 운영자의 입장에서도 참여자의 입장에서도 큰 차이가 난다. 대가 이상으로 주고 대가 이상으로 받는 공식. 절대 잊지 말자.

3장의 달력이 찢어진 후 '거울 나비 독서모임'으로 이름이 바뀌었다. 책이라는 거울을 통해 나의 내면을 들여다본다는 의미다. 주로 자기계발 서적을 읽었고 에세이, 소설도 개의치 않았다. 독서모임을 해보니 모임이 불가능한 책은 없다는 것도 깨달았다. 아는 사람과 1로 시작, 모르는 사람과 1로 시작. 모든 것이 용기였고 도전이었다. 그 위대한 용기 덕분에 꾸준히 독서모임을 지속할 수 있었고 새로운 형태의 독서모임까지 기획하게 되었다. 즐거움과 두려움. 모든 것은 나의 선택이었다.

당신과 나를 이어주는 2개의 블로그

'괜찮은 척하지만 사는 게 맘 같지는 않네요, 저마다의 웃음 뒤엔 아픔이 있어' 가수 싸이-기댈 곳 노래 가사다. 아무것도 모르는 사회초년생이 눈칫밥 먹던 날들과 결혼 후 독박육아 하며 소리 없이 울었던 지난날들이 떠올라 눈물이 났다. 그리고 도전을 꿈꾸는 여성들을 돕기 위해 고군분투하며 힘들었던 내가 기댈 곳은 블로그였다. 마음속 이야기를 들어줄 사람을 찾는 것 보다 말하지 못할 이야기까지 다 들어주고 어깨까지 내어주는 곳이 블로그였다. 2009년 2월 9일 나의 첫 포스팅 제목은 '마음아 미안해'였다.

내가 먼저 웅크려 봤기 때문에 나와 같은 길을 걸어가는 여성들의 독립을 돕고 싶었다. 내가 느낀 솔직한 감정들을 글로 옮겨 놓으면 글을 읽는 사람은 용기를 얻고 글을 쓴 사람은 위로를 받는다. 블로그 글쓰기는 일기 형식으로만 적는 것을 권하지 않는다. 일기장에 나의 생각을 덧붙여서 하나의 이야기가 완성 되도록 쓰는 것이 좋다. 단순한 기록이 아니라 의미를 담는 기록이다. 글에도 에너지가 있다. 사람의 마음을 움직이게 하는 것도 생각에서 비롯된다. 그 생각의 끝은 결국 실행이다.

'지금의 상황에서 내가 할 수 있는 것은 무엇인가?' 내가 하고 싶었던 일에 당장 도전 해보는 것이 좋다고 말하고 싶지만 누구나 시작이 두려울 것이다. 이 두려운 마음부터 블로그에 기록해보자. 훗날 엄청난 자양분이 되어줄 것이다. 무언가를 열심히 해본 경험은 힘든 일이 생기더라도 그 문제를 해결할 수 있는 힘이 생겨난다. '다시 해보지 뭐. 나는 한다면 하는 사람이니까'라는 자신감이 바로 심리학 용어로 자기 효능감이다. 할 수 있다는 생각과 할 수 없다는 생각사이에서 어느 쪽을 택할 것인가.

첫 번째 블로그로 큰돈을 벌었지만 욕심에 눈이 멀어 저품질 블로그가 되었고 두 번째 블로그를 개설해서 다시 키운지 2년이 넘었다. 그리고 내가 가진 노하우로 블로그 강의를 시작했다. 하나의 블로그를 오랫동안 해온 덕분이었다. 온라인으로 뭐든지 가능한 세상이다. 온텍트는 많은 비용을 줄여준다. 노트북만 있으면 집에서 편하게 강의도 하고 들을 수 있다. 시간/장소 구애 없이 집에서 모든 것이 가능한 세상. 육아에만 전념했던 주부를 위한 세상이 열렸다. 지금 당장 블로그를 개설하라. 시작만 한다면 두 번 세 번은 결코 어렵지 않다는 것을 경험할 것이다. 그리고 블로그 강의를 시작해도 좋다. 매번 도전하는 용기가 필요하지만 그 두려움만 이겨내면 못할 것도 없다.

허리가 아파서 등산을 시작했다. 매일 기록한 포스팅은 다른 이에게도 도전 의식을 불러일으키고 호기심을 만든다. '저도 한번 시작해 볼까요?' '운동화 신고 밖으로 나갈게요.' '저도 한번 따라해 볼게요.' 댓글을 보면 정말 힘이 난다. 내가 블로그에 중독된 이유다. 공감과 댓글이 너무 좋다. 하루하루를 살아가는 힘이자 원동력이다. 힘들 때는 내가 쓴 글을 다시 읽어 보기도 한다. 흠칫, 놀랄 때도 많다. '내가 이런 말을 했다고? 내가 이런 행동을 했다고? 내가 이런 글을 썼다고?' 저절로 자존감도 올라간다. 자, 지금 당장 시작해보겠다고 아래 여백에 적어보라.

6번의 강의와 247개 후기
그리고 숫자 0

　　보석은 내 안에 있었다. 오랫동안 해왔던 블로그로 무료강의를 결심했다. 12개의 강의 목차가 5분도 안되어 완성되었다. 2개씩 묶어 6주 동안 같은 요일/같은 시간에 진행했다. 처음에는 아무것도 몰라서 구글폼을 받을 생각도 못한채 지나갔고 두 번째 강의부터는 이름, 연락처, 이메일을 받았다. 녹화영상 신청서를 받을때는 간단한 후기와 함께 개선했으면 하는 부분을 적는 곳도 만들어 놓았다. 없어요. 없습니다. 매우 좋았습니다. 너무 완벽해서 없다는 칭찬이 믿어지지 않았고 이제 막 시작한 초보 강사에게는 너무도 벅찬 칭찬이었다. 강의를 마친 후 질문 시간은 녹화본에 포함하지 않는다. 마지막까지 기다려주신 분들을 위한 선물이었다.

　　어느덧 강의 후가 더 알차다고 소문이 났다. 매주 줌으로 만나 얼굴보고 마음을 나누다 보니 정이 들었다. 마지막 여섯 번째 강의를 마친 후에는 서로 부둥켜안고 울어버린 지경이었다. 그 동안의 감사함을 감정으로 표현하다 울컥했고 이렇게 사랑을 많이 준 사람들과 일곱 번째 만남은 없다는 사실이 너무나도 아쉬워 눈물이 났다. 6번의 강의에 모두 출석해준 분도 용기 내어 마음을 전해주어 고마웠고, 일본에서 미국에서 함께 해주신 분들에게도 감사했다. 꿈만 같았다. 6주 동안 이어진 강의와 247개의 후기. 구글폼에 가득 채워 써준 후기는 물론, 보는 사람 누구나 눈물이 나도록 감동가득 담은 블로그 포스팅 후기의 주인공이 나였다. 입술온도 김민혜 라는 사람을 검색창에 가득 차도록 해주신 분들 덕분에 행복했다. 216개의 구글폼 후기 그리고 31개의 블로그 후기는 몸과 마음이 아프거나 힘들 때마다 눈으로 먹는 약이다.

숫자 0. 오랜 시간 공들여 준비한 프로젝트에 아무도 오지 않았다. 서운함이 컸지만, '유명한 강사님도 15번이나 빈 강의실을 지켰대'라며 중얼중얼 스스로를 위로한다. 다시 247개의 후기를 꺼내어본다. 정신을 차리고 자신감 장착 후 모객이 되지 않았던 이유도 꼭 찾아야 한다. 목적과 취지가 전달이 잘 되었는지, 다른 프로그램과 어떤 차별화가 있는지, 입술온도라는 사람은 어떻게 다른지 제대로 알려야 한다. 속상하다. 내 맘대로 되는 게 하나도 없었다. 내가 만들어 낸 도전이고 결과였지만 모두 다 감당하기에 유독 벅찬 날이 있다. 분명히 최선을 다했는데 성과가 나오지 않을 때는 서럽기까지 한다. 작았던 감정들은 눈덩이처럼 커져 감당이 안 된다. 한참을 방황하다 블로그를 켠다. 복잡한 마음을 글로 남기는 것이 내가 내린 약 처방이다.

뭘 적어야 하는지 생각하지 않고 현재 느끼는 감정을 그대로 옮겨 적는다. 머릿속으로 생각하는 그것을 글로 옮겨 적을 뿐이다. 현재 이런 상황이고 이렇게까지 노력을 했는데 결과가 좋지 않아서 속상하다. 혼잣말처럼 적어 내려간다. 모든 생각들을 와르르 쏟아낸다. 거친 문장이 한 가득일 것이다. 이렇게 적어도 될까? 저렇게 적어도 될까? 생각하지 않았다. 어느 누구도 내가 쓴 글을 평가할 수 없다. 그 순간만큼은 감정에만 집중해도 된다. 눈치 볼 필요도 없다.

평평 울면서 운전해 본 적이 있는가? 주체할 수 없을 정도로 흐르는 눈물에 앞이 보이지 않는 상황이라면 감정 조절이 더 힘들다. 바로 안전한 곳에 차를 세워야 한다. 내가 길바닥에서 왜 울고 있는지, 왜 눈물이 멈추지 않는지 말이다. 생각하면 할수록 감정이 복받쳐 더 서럽다. 바로 그때 목 놓아 울면서 느끼는 감정을 하나의 글로 남겨놓는 것이다. 형식 따윈 필요 없다. 첫 시작을 어떻게 할지 고민할 필요도 없다. 무작정 쓴다. 다 쓴다. 내가 경험한 모든 것을 글로 남겨둔다. 매일 했더니 벌써 9년이란 세월이 흘렀다.

고장이 나서 멈춰 있는 자동차는 다시 달릴 수 있기를 꿈꾼다. 고장 난 채로 멈춰있는 것도 나의 선택이고 다시 낯선 길로 출발하는 것도 나의 몫이다. 끝없는 방황은 잠시 미뤄두고 '나는 누구인가', '나는 무엇을 원하는가? 어떻게 되고 싶은가?'를 되뇌고 당장 할 수 있는 것부터 시작해보자. 무조건 잘 될 거라고 확신하고 간절히 바라자. 실패를 했어도 그 과정에서 무엇을 얻었는지 찾아보자. 과정이 중요하다. 될 때까지 하는 것이다.

아무도 찾지 않았던 공간에 한 명의 고객이 오는 날은 세상을 다 가진 날이다. 스며들듯 다가온 한 명에게 소중함과 감사함을 느낀다. 덕분에 다시 시작할 수 있는 힘 100% 충전 완료다.

실패의 경험이 자격증이다

'당신의 마음을 어루만져 드립니다.' 4개월 동안 준비한 마음 프로젝트다. 그동안 준비 했던 것들과는 성격이 너무나도 달랐다. 처음부터 무모한 도전이었는지도 모르지만 꼭 해보고 싶은 일이었다. 내가 돕고 싶은 고객은 나와 같은 육아 맘이다. 그들을 위로 하고 싶었다. 힘들어 하지 말라고, 아파하지 말라고, 괜찮다고 말해주고 진심을 나누고 싶었다. 하지만 마감 날짜가 다가올 때부터는 자신감도 사라지고 초초해지기 시작했다. 신청자는 아무도 없었다. 역시 나는 안 되나 보다. 내가 뭐라고, 누가 들으러 오겠어. 점점 삐뚤어져가고 있었다. 그 사이 많은 분들의 응원 댓글이 달렸다. 몇몇 분들은 스크랩도 해주고 적극적으로 홍보를 대신 해주었다. 또 한분은 '감사하게도 전 괜찮습니다.'라고 댓글을 달아줬다. 직녀아씨님의 댓글을 본 순간 내가 잘 하고 있음을 느낄 수 있었다. 350명에게 '괜찮으세요?' 라고 물어보는 것만으로도 충분하다고 생각했다.

'지금 힘드신가요. 그래서 많이 지치셨나요.' 마음 프로젝트의 첫 시작 멘트다. 나에게 하는 말 이었다. 나는 육아가 힘들었다. 먹으면 자는 신생아를 거쳐 기어 다니기 시작하며 온갖 살림살이를 다 정리 하게하는 시기를 지나 아장아장 걷기 시작하며 점점 더 힘들어졌다. 이게 우울증인가? 이렇게 살고 싶지 않다는 생각을 자주 했었다. 평온함을 느껴야 하는 집이 감옥이었다. 내 이름이 불린지가 언제였는지도 모르겠다. 첫아이가 엉엉 울 때는 끌어안고 같이 울었다. 아기와 엄마의 하루는 늘 반복이다. 잘 때가 제일 예쁘다는 말은 잔인했다. 육아는 정말 아무나 못한다. 뉴스에 나오는 엄청난 일들이 이해가 될 정도였다. 이렇게 힘든 줄 알았으면 결혼도 하지말걸. '그거 정말 힘들어'. 라고 왜 아무도 말해주지 않았냐고 원망도 했다. 첫째가 두 돌을 막 넘겨 3살이 되는 해 보육기관을 다녔다. 그 사이 둘째가 태어났다. 매일 유모차를 끌고 밖으로 나갔다. 그때부터였다. 나와 같은 모습을 한 아기엄마가 내 눈에 들어왔다. 궁금했다. 나의 삶도 그의 삶도.

4개월 동안 고민하고 또 고민해서 만들었던 프로젝트는 내 이야기다. 나처럼 힘들어 하는 사람들이 많을 거라 생각했다. 하지만 "저 정말 힘들어요."라고 용기 내어 나설 수 있는 사람이 몇이나 될까? 힘들어 죽겠다고 내 입으로 말하는 것부터가 힘든 것이다. 잘 하는 것은 인정하기 쉽지만 잘 못하고 있는 것은 들키지 않으려 살아왔기 때문이다. 내가 자주 되뇌는 말이 있다. '어제의 나와 비교하기' 우리는 반대로 잘 나가는 사람과 비교를 한다. 자세히 들여다보면 잘나가는 사람들도 아픈 경험이 있고 못난 과거도 있다. 그 오랜 시간을 거치고 견뎌냈기에 그들의 성공한 삶이 있는 것이다. 어제의 나와 비교 하는 것. 바로 이것이 성장에 필요한 열쇠다. 오랜 시간 준비한 프로젝트를 시작도 못해보고 내려야 할 때 잘 나가는 사람들을 생각하며 자책했다. 며칠을 방황하다 모객이 왜 안됐는지 스스로 피드백을 했다. 주위 분들에게도 물어봤다. 역시, 내가 생각했던 그 이유였다. 윤스키 아카데미 대표님은 이렇게 말했다.

"모객을 얼마나 잘 했는지가 아니고, 모객을 했는데 아무도 안와서 혼자 강의실에서 보냈던 시간들이 사람들에게 힘이 된다. '아싸 하나 떠올랐다!' 하고 모아둔다. 3번하고 포기 하는 사람에게 나 5번 했어! 라고 말 할 수 있는 자격증이 생기는 것이다."

코치님의 위로에 마음이 편안해졌다. 항상 성공할 수 없다는 것을 잘 알지만 실패를 했을 때는 스스로를 탓했다. 부족한 점을 끄집어내 날카로운 칼로 마구 찔렀다. 그럴수록 자존감은 바닥을 쳤고 실컷 울고 난 후에야 다시 시작할 수 있었다. 실패의 경험이 나에게 자격증이다. 벌써 자격증이 수십 개나 된다. 관점을 전환하니 갑자기 배가 부른 느낌이다. 나의 실패의 경험으로 누군가에게 힘이 될 수 있다면 앞으로 수십 번도 실패할 수 있을 것 같다. 그때마다 기록해놓고 기억해야겠다. 나는 확신한다. 실패를 바탕으로 성공한 사람이 될 것이다.

'나도 하면 되는 구나'로 바꾸는 기술

'남들은 뭐든 쉽게 하는데 왜 나만 이렇게 힘들어.' 버릇처럼 남 탓을 했다. 남들은 열심히 공부해 자격증을 딸 때 나는 멍 때리며 시간을 보냈다. 아무런 행동도 하지 않고 생각만 했다. 그들이 작은 도전을 시작 할 때 생각만 하고 움직이지 않는 나를 원망했다. 나는 왜 이거밖에 안 되는지, 왜 이렇게 시작이 힘든 건지. 나도 그들처럼 부모님께 자랑이 되는 딸이 되고 싶은데 그게 너무 힘들다. 삼남매 중 둘째로 태어나 사랑 받으려고 눈에 띄려고 부단히도 노력했었다. 38살이 된 지금도 그게 잘 안 된다.

'그래 다시 해보자' 마음을 가다듬었지만 뜻대로 되지 않을 때는 또 원점이다. 왜 나는 안 되지. 왜 나만 안 되지. 나는 왜 쟤처럼 안 되지. 나는, 나는, 나는 왜 안 되는지만 생각했다. 답은 내 안에 있는데 자꾸 밖에서 찾으려 했으니 안 될 수밖에 없었다. 안 되는 이유를 찾아야 했지만 혼자서는 어렵다. 그래도 다시 도전했다. 책을 더 열심히 읽었다. 책에서 아이디어를 얻는다. 책을 펼치면 아이디어가 생긴다. 절대 놓쳐서는 안 된다. 책의 여백은 나의 아이디어 노트다. 모두 기록해야 한다. 책을 읽을수록 실행하고 싶은 것들이 팝콘 터지듯 피어났다. 어느 날은 목련처럼 천천히 얼굴을 비추고, 또 어느 날은 벚꽃처럼 감당이 안 될 정도로 떼를 지어 피어난다. 기분이 좋아진다. '나는 왜 안 돼?' 에서 '나도 하면 되는구나.'로 바뀌는 순간이다.

"입술온도님은 잘 하시잖아요. 정말 대단해요."

나를 칭찬 하면서도 정작 본인에게는 빵점을 주는 사람. 왜 아무것도 안 하고 있는지, 왜 시작을 못 하는지, 왜 다른 사람 뒤꽁무니만 따라다니는지, 왜 아직도 열심히 인풋만 하고 있고 아웃풋은 안 되는지 스스로를 안 될 사람으로 확신한다. 자신을 겁쟁이로 만든다. 나도 그랬다.

"입술온도님은 실행력이 좋아요."

착각이다. 나는 대단한 사람이 아니다. 글쓰기도 오래 걸리고 생각하는 것도 실천 하는 것도 남들보다 두 배 이상 걸린다. 다만, 그것을 실현시키기 위해 애를 쓴다. 나의 장점을 아는 것! 이것이 강점이다. 지금 당장 종이한 장을 꺼내보자. 내가 생각하는 장점과 타인이 말해주는 나의 장점을 모두 적어보라. 내가 몰랐던 나의 재능을 발견 할 수도 있고 누군가 무심코 던진 한마디로 나의 새로운 세상이 펼쳐질 수 있다. 확신한다. 결과가 어떻게되는지는 아무도 모른다.

"에이~입술온도님은 금방 하잖아요."라며 쉽게 이야기 할 때도 마음 아프다. 정말 힘들었는데 쉽게 하는 것처럼 말할 때 속상하다. 차라리 수학공부하는 게 낫다는 생각도 했다. 내가 제일 어려워했던 과목. 그 수학 공부를 하는 게 차라리 낫다고 생각할 만큼 힘들었던 것이다. 웹디자인을 했을 때도 생각했었다. 언제나 정답이 없는 일들을 해왔기 때문이다.

정답이 있는 일을 하면 삶이 쉬워질까? 왠지 웃음이 나오는데 그때가 되면 정답이 없는 일을 또 하고 싶을 것 같다. 뭐든 오래 걸리는 사람이니까 힘들다. 그럼에도 불구하고 내가 지금 이 상황에서 무엇을 할 수 있는지 생각해 보자. 그것이 내가 매일 반복해야 하는 일이다. 완성 되어지는 과정에서 결국은 익숙해지는 것이다.

정답을 찾아가는 순간들 마음껏 즐기기

　뭐든 바로 실행하는 사람이 제일 부럽다. '대단하다~ 어떻게 그런 생각을 했어?' 칭찬을 아낌없이 해주었다. 돌아서자마자 다짐한다. 그 칭찬 나도 들어야지! "해보기나 했어?" 정주영 회장님이 스쳐 지나간다. 나에게도 추진력과 실행력이 있고 해낼 수 있는 잠재력이 있다. 유튜브 부터 시작하자. 동영상만 올리면 된다. 아무도 안 본다. 나만 본다.

　정주영 회장님의 추진력에 많은 사람들이 놀랐다. 재능이 없다고 말하는 사람들까지도 가슴 뛰게 한다. 실행이 답이다. 정말이다. 실패는 없다. 도전만이 존재할 뿐이다. 답이 없는 일에 오랜 시간 몰두하는 연구원이라고 생각해도 좋다. 정답을 찾아가는 순간들이 즐거워진다. 즐겁다는 것을 알아채면 더 잘할 수 있는 힘도 저절로 생긴다. 첫아이를 키울 때와 둘째 아이 키울 때가 다르듯이 작은 일을 반복하면 익숙해지고 자신감도 붙고 노련해진다. 더 좋은 엄마가 되기 위해 공부도 하고 강의도 듣고 육아 책까지 밤새가며 읽는다. 뭐든지 못할 것이 없는 기분이다. 비록 현실 육아와는 다를지라도 좌절하지 말자. 실험일 뿐이라고 생각하자. 매일 연구하고 실험하자.

메신저의 삶을 시작한 후 미라클 모닝을 하려고 새벽 온라인 독서모임에 참여했다. 그러나 읽고 싶지 않은 도서를 읽으니 스트레스였다. 그래서 두 달 만에 그만하게 되었다. 혼자서도 할 수 있을 것만 같았지만 일주일에 한번 일어나면 다행이었다. 새벽 기상을 포기한 이유는 '나는 새벽 형이고, 새벽에 자는 사람이야, 새벽에 더 집중이 잘 돼'라는 생각 때문이었다. 불가능하다고 생각하면 가능한 것도 불가능해진다. 나의 가능성을 긍정적으로 믿으면 내 몸이 저절로 그것을 성공하게 만든다. 실패에 대한 두려움은 단 한 번의 성공으로도 가볍게 폴짝 뛰어넘을 수 있다. 자기계발 책에서 숱하게 읽어왔던 내용이다. 실제로도 경험했다. 할 수 있다는 긍정적인 생각만으로도 좋은 결과가 따라왔다. 쉬운 일은 쉽게 하고 어려운 일은 어렵게 하라고 한다. 두렵지만 해야 하는 일을 어떤 방법으로 얻을지 실험해보라.

'블린 탈출 프로젝트' 입술온도가 8개월째 쉬지 않고 운영 중이다. 블로그를 잘 하고 싶은 사람들이 모였다. 1기부터 30명이 왔다. 1일 1포스팅을 완료하면 100% 캐시 백을 돌려주는 시스템을 적용해 성공율을 높였다. 동시에 블로그 브랜딩 과정도 오픈했다. 7명이 왔다. 두개의 프로그램을 운영하며 하루 24시간을 48시간처럼 살았고 힘든 만큼 뿌듯했다. 고객의 성과가 보이면 내가 더 기뻤다. 나와 같은 육아 맘의 시작을 돕고 싶었던 첫 번째 도구로 블로그를 선택했을 때 아주 잘 한 선택이라고 확신했다. 유명한 블로그 강사님들이 많이 있어서 '래드 오션 인데 괜찮아?'라는 질문을 받을 때면 나답게 하고자 노력했다. 절대 다른 사람과 비교금지. 입술온도만의 나다움으로 김민혜 라는 사람을 세상에 전하고 싶었다. 믿어주고 기다려주신 분들이 있어 오랫동안 이어올 수 있었고 앞으로도 꾸준히 할 것이다.

잘 되면 잘 돼서 고민이고 안 되면 안 돼서 고민이다. 머릿속을 가득채운 고민 중 대부분은 일어나지 않는 일들에 대한 걱정이었다. 하나 둘 실천하며 고민을 지워 가는 것이 바로 실행이었다. 실행력이 좋다는 말을 자주듣지만 전혀 그렇지 않다. 아이디어가 넘쳐나서 그 중에 하나 실행했을 뿐인데 뭐든 바로 도전하는 사람으로 보인 것이다. 두려움이 없는 사람으로알아주어 너무 감사하다. 크고 작은 연구를 많이 해본까닭에 당차 보였나보다. 매일 아이디어를 생각하고 고민하고 결단한다. 그리고 늘 떠올린다. 나는 어떤 사람인지, 무엇을 하고 싶은지, 내가 해야 하는 일이 무엇인지 말이다.

하지 말아야 하는 일을 하지 않기

　잠들기 전 아이들에게 부탁하는 것이 있다. 다음날 어린이집에 입고 갈 옷을 꺼내놓는 것이다. 미리 준비한 것과 그렇지 않은 것의 결과는 완전히 다르다. 1분 1초가 중요한 아침 시간에 '이거 안 입어!' 옷을 던져버린다면 5분, 10분이 우습게 흘러간다. 결과는 뻔하다. 아이는 원하는 옷이 아니라서 짜증이 날것이고 엄마는 무서운 눈빛으로 아이를 보면서 빨리 옷 입으라며 소리를 지르고 닦달할 것이다. 아침마다 옷 때문에 전쟁을 치르느니 전날 밤에 미리 꺼내 놓는 것으로 평화를 찾을 수 있었다. 아이에게 선택권을 주는 것과 스스로 하게 하는 것이 최고의 성과였다.

　하루를 시작하며 해야 하는 일에 대해 생각하는 시간을 갖는다. 생각도 미리 하는 것이다. 오늘 하루 중 가장 중요한 일이 무엇인지 딱 하나만 골라서 그것에만 집중해보자. 하루를 마무리하며 나는 오늘 어떤 하루를 살았는지 되돌아보고 잘했든 못했든 피드백을 해본다. 그 일을 해냈다면 해내는 사람이라고 자기인식을 하게 되는데 기분이 좋아진다. 설령 그렇지 못했을 때도 그 과정에서 무엇을 배우게 되었는지 정리해본다. 생각 없이 살아갈 때는 중요한 일을 미루는 습관이 있었고 '닥치면 하게 되더라'라는 말을 자주 했다. 입버릇처럼 했던 말이 행동으로 이어졌다. 정말 미루게 되었고 심지어 당일 아침에 준비를 마치기도 했다. 다행히 잘 해결하긴 했지만 순간을 모면하는 일은 그만해야 했다. 그동안 심리적인 스트레스는 물론 죄를 지은 기분이었다. 생각은 행동을 결정하고 행동은 운명이 결정한다는 말이 있다. 생각과 행동은 나의 미래를 결정한다는 것이다.

실패를 한다는 생각 자체를 하지 않았다. 닥쳐도 잘 하는 사람으로 스스로를 믿어 왔던 것 같다. 아주 잘못된 생각이다. 중요한 일들을 미루는 습관은 오래전부터 이어져 왔다. 독서모임을 당일 아침에 부랴부랴 준비했던 적도 있었다. 늘 바쁘단 핑계로 결국 중요한 일을 중요하지 않은 일로 만들어버린 것이다. 닥치면 마음이 급해지기 마련이고 오랜 시간 준비한 결과물에 비교하면 완성도도 떨어진다. 완벽함을 추구하는 것이 아닌 진심을 담아내는 것. 무엇이 중요한지는 이미 잘 알고 있다. 더 이상 미루지 말고 해야할 리스트를 기록하여 시각화한 후 다짐한다. 그래서 시간 관리를 시작했다. 해야 하는 일 보다 더 중요하게 생각했던 것은 하지 않아야 하는 일을 하지 않는 것. 하면 안 되는 일에 더 집중했다.

내가 남들보다
조금 더 많이 알고 있는 것으로 시작하기

줌 강의를 한번 접한 후 매일 2~3개의 온라인 강의를 들었다. 유료/무료 선택권도 넓었고 듣고 싶은 강의를 원 없이 들었다. 자신만의 지식과 경험을 세상 밖으로 전하는 강사들이 부러워졌다. 제대로 한번 살아보고 싶었다. '나는 무엇을 가르쳐 줄 수 있을까?' '내가 남들보다 조금 더 많이 알고 있는 것은 무엇일까?' 결혼 전부터 써왔던 블로그가 생각났다. 아이를 키우며 육아용품을 구매하지 않아도 될 정도로 리뷰 용품은 늘 현관문 앞을 지켰고, 육아 책도 서평 단으로 읽었다. 육아 스트레스는 블로거로 초대받은 고급 식당에서 즐겼고, 나중에는 포스팅을 쓸 때마다 통장에 돈이 들어왔다. 하루에 15~50만원이 입금되었지만 돈이 돈 같지가 않았다.

김승호 회장님은 돈에도 인격이 있고 생각을 가졌다고 말한다. 그리고 일정하게 들어오는 돈은 불규칙한 돈 보다 힘이 세다고 했다. 일정하게 들어오는 돈이 주는 강력한 힘 말이다. 매달 일정 금액을 버는 사람과 갑자기 천만 원이 들어오는 사람은 절대적으로 다르다는 것이다. 즉, 불규칙한 돈은 모으는 능력을 키울 수가 없다. 내가 경험했다. 쉽게 번 돈은 쉽게 쓴다. 내일이면 또 채워질 것이기 때문에 아이가 사달라고 했던 것을 마음껏 사주었고 그동안의 고생을 인정받는 것 같아 행복했다. 그러나 영원할 것만 같던 행복은 종지부를 찍게 되었다. 엑셀을 켜서 그동안의 수입을 정리해보았다. 가장 많은 수입이 있던 달은 300만 원이었다. 내가 결혼하기 전 받았던 월급인 것이다. 놀라웠다. 매달 300만 원을 급여로 받았을 당시 결혼 준비 비용으로 사용한 후에도 여유로울 정도로 돈이 남아 돌았다. 엄청난 후회가 밀려왔다. 돌이켜보니 돈이 들어와도 전혀 기쁘지 않았던 날부터 결과는 이미 정해져 있었다.

나의 이러한 경험도 돈이 될 수 있을까? 저 품질 블로그를 가지고도 강의를 시작할 수 있을까? 의심만큼 열정도 가득했다. 두 아이를 키우며 할 수 있는 일은 한정되어 있었고 사용할 수 있는 시간 또한 제한적이기 때문이다. '우유배달을 시작해볼까?' 아이가 잠든 새벽이라면 가능할 것 같았지만 깜깜한 밤을 이겨낼 자신이 없었다. 그때 생각했다. 나만 하던 블로그를 주위 엄마들과 같이 하고 싶었다. 앞 동에 사는 지인부터 알려줬다. 블로그는 또 다른 수익창구가 될 수 있기 때문에 꾸준히 하는 것이 중요한데 기록하는 재미부터 알려주고 싶었다. 아이가 자라는 동안 기억하고 싶은 이야기들과 사진들이 추억이 될 장소다. 언제 어디서든 꺼내볼 수 있는 기억이다.

웹디자인 일을 하면서도 지인들을 모아 시간당 비용을 받고 포토샵을 가르쳤는데 그 이후로 컴퓨터학원 강사가 되고 싶다는 꿈도 생겼었다. 무언가를 가르치는 일은 항상 즐거웠다. 아는 엄마들에서 모르는 엄마들까지 영역을 넓혔다. 마을공동체로 공모사업을 제안하여 100만원의 사업비를 지원받게 되었다. 나를 찾기 프로젝트. 공식적인 나의 첫 오프라인 강의였다. 유모차를 끌고 온 엄마부터 초등생 자녀가 있는 엄마들과 함께한 그날은 매일이 좋은날 이었다. 강사비가 지급되었을 때도 검색창에 확인된 상위 노출의 성과를 눈으로 확인했을 때도 날아갈 듯 기뻤다. 그때 깨달았다. 나의 저품질의 블로그는 아무런 상관이 없었고 내가 가진 지식과 경험만이 중요하다는 사실이다.

CHAPTER 5

인문고전
독서혁명

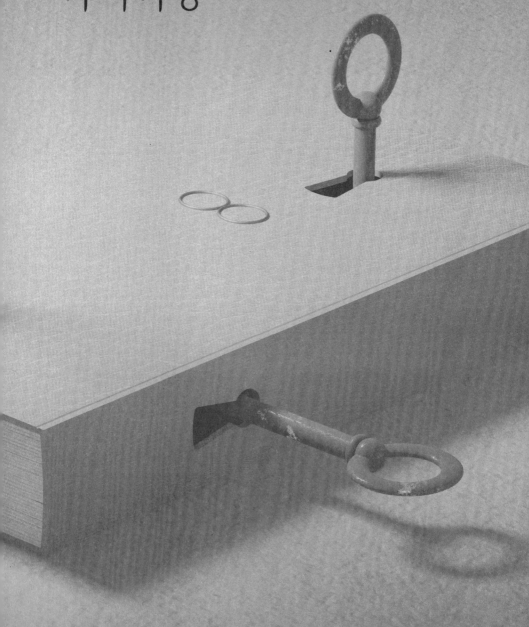

인문고전 독서지도 메신저 **류현주**

[누리봄 인문교육 코칭센터] 대표로 인문교육 메신저로 활동하고 있다. 전직 생명공학연구원이라는 타이틀을 떼고, 10년 동안 전업주부로 육아에 전념하였다. 끊임없이 공부하고, 독서하여 지금의 내가 되었으며 나의 꿈은 지금도 현재 진행형이다. 세 딸에게 '나의 롤모델은 우리 엄마!'라는 말을 듣고 싶은 꿈이 있다. 여러 개의 독서모임과 가족 독서모임을 운영하고 있으며, 부모교육 강사, 인문학 강사, 자기경영 코치로 활동하고 있다. 인문교육 코칭센터를 운영하며 인문고전 독서의 중요성을 설파하고 있다.

- 블로그: https://blog.naver.com/betagal
- 인스타: http://www.instagram.com/dreammaster_ryu
- 카카오채널: https://open.kakao.com/o/gcYQzkEc

- 부모리더십교육사
- 인문고전 독서지도사
- 하브루타 독서코치 지도사
- 독서심리 지도사
- 그림책 지도사
- 자기주도학습 지도사
- 진로코칭 지도사
- 3P 독서리더
- 디베이트 지도사
- 퍼실리테이터 지도사
- 창의사고력지도사
- 3p자기경영연구소 자기경영 코치

CONTENTS

나는 왜
인문고전 독서지도 메신저가 되었나?

　나의 전직 직업은 생명공학연구원이다. 어려운 형편에 무리해서 대학원까지 진학하고 힘들게 취업한 직장을 결혼과 동시에 관두었던 이유는 내 아이는 다른 사람의 손에 맡기지 않고 직접 양육하고 싶어서였다. 잘나가던 직장도 관두고 시작한 육아이기에 잘해보고 싶다는 생각에 좋다는 교육은 모두 쫓아다니며, 자투리 시간에는 틈틈이 책을 읽기 시작했다. 아이의 연령에 맞춰서 엄마인 나도 계속 공부하고, 좋은 엄마가 되기 위해서 끊임없이 노력했다. 전업주부로 10년 넘게 세 아이를 육아하면서 가장 심혈을 기울였던 부분은 독서이다. 아이가 어렸을 때는 좋은 그림책을 읽어주려고 노력했다. 잠자리에 들기 전에 아이랑 함께 책을 읽고 하브루타 토론을 하면서 하루를 정리했다. 점차 독서지도에 관한 욕심이 생겨서 독서지도 과정을 이수하고, 교육에 관련된 여러 과정을 이수하면서 본격적인 독서 전문가의 길로 접어들게 되었다.

　우연히 만나게 된 이지성의 작가의 《리딩으로 리드하라》책이 내 인생을 송두리째 바꿔놓게 되었다. 그 책을 처음 접했을 때의 놀람과 설렘과 분노를 절대 잊을 수 없다. 내가 믿고 있었던 교육의 폐허를 여실히 실감하고 이러한 현실을 바꿀 수 없다는 것에 화가 몰려왔다. 어릴 때는 "저요! 저요!" 하면서 자신의 의견을 먼저 말하느라 정신없는 아이들이 학교만 가면 입을 다무는 현실이 이해되기 시작했다. 다니면 다닐수록 아이의 창의력을 죽게 만드는 이런 교육 현실이 나는 너무 싫었고, 세 아이를 양육하고 다른 아이를 교육하는 입장에서 나는 간절히 다른 교육을 하고 싶었다.

한 교실에 빼곡하게 앉아서 선생님의 설명만 수동적으로 듣고 있다가 질문 한 번 하지 못하고 집에 오는 것이 지금의 교육 현실이다. 이는 모두 일제강점기에 우리나라를 식민지화하고 공장 노동자를 만들기 위한 교육의 병폐이다. [학습효율 피라미드]를 살펴보면 듣기만 하는 강의는 5% 밖에 효율이 없다. 질문하고 토론하며 적극적으로 참여하는 수업은 90% 이상의 효율이 남는다고 한다. 그렇다면 우리의 교육이 가야 할 방향은 확실하지 않은가?

인문고전을 읽고 질문하고 토론하면서 자신의 생각을 자유롭게 나눌 수 있는 참된 교육 환경을 만드는 교육자가 되어야겠다는 사명이 생기게 되었다. 교육을 받으면 받을수록 아이의 잠재력과 창의력이 죽어가는 교육이 아닌 아이들을 살리는 교육을 하고 싶었다.

나의 신념을 실현하고자 '인문고전 독서와 토론을 통하여 리더를 양성하는 센터'라는 모토로 그동안 내가 배운 모든 교육을 집대성해서 교육할 수 있는 센터를 오픈했다. 센터가 자리 잡은 곳은 교육열이 대단한 곳이다. 그러한 곳에서 나만의 신념대로 다른 교육한다는 것이 결코 쉬운 일이 아니다. 센터의 아이들은 매주 인문고전을 읽고, 스스로 질문을 만들어내고, 그 질문을 토대로 토론을 하고, 글쓰기를 진행한다. 나는 아이들의 생각을 끄집어 내기 위해 '네 생각은 어때?', '왜 그렇게 생각해?', '너라면 그때는 어땠을 거 같니?' 등등 끊임없이 질문을 달고 산다.

나를 만나는 아이들에게 조금이라도 도움이 되고자 쉬지 않고 공부하며 나를 업그레이드시키고 있다. 교사인 나부터 리더가 되고 모범이 되고자 오늘도 여전히 새벽부터 일어나 읽고 쓰고 나누는 삶을 살고 있다. 보석처럼 빛나는 아이들을 매일 만나고, 그 아이들에게 꿈을 심어줄 수 있는 내가 진정으로 원하는 메신저의 삶을 살고 있어서 참으로 행복하다.

인문고전이란 무엇인가?

1. 인문고전 독서지도의 지침이 되어 준 책

인문고전 독서와 토론의 중요성을 절감한 후 《리딩으로 리드하라》의 뒷부분에서 언급한 추천도서를 토대로 아이에게 고전독서를 시도했다. 하지만 그 추천 도서는 어려운 책이 대부분이어서 어린 자녀에게 적용하는 것은 무리가 있었다. 좀 더 쉽게 인문고전 독서지도에 접근하는 방법을 찾고 있는 와중에 송재환 선생님의 《초등고전 읽기혁명》 책을 만나게 되었다.

송재환 작가님은 국내 최초 동산 초등학교에서 100권 고전읽기 프로그램을 진행해서 큰 반향을 일으키신 분이다. 10여 년 넘게 프로젝트를 진행하고 그 효과를 몸소 체험하며 고전 읽기 전도사가 되신 분이다. 《초등고전 읽기혁명》은 실제로 적용할 부분이 많아서 인문고전 독서지도를 하는 데 많은 도움이 되었다.

2. 고전의 정의

고전이라고 하면 흔히들 아주 오래된 책이라고 정의를 내리는 경우가 많다.《초등고전 읽기혁명》에서 저자는 '출간 시기만을 두고 구분 짓기에는 무리가 있지만, 굳이 시간을 구분 짓는다면 30년을 기준으로 하는 것이 좋다고 한다. 보통 한 세대를 30년으로 잡고 있는데 한 세대 동안 대중에게 읽히고 살아남은 책이라면 그 책은 충분히 가치가 있고, 힘이 있는 책이라고 간주할 수 있기 때문이다. 고전의 조건을 종합해 보면, 고전이란 30년 이상 된 수준 있는 책을 의미한다. 수준있는 책이라고 해서 어렵게 생각할 필요가 없다. 그 내용과 전개, 담고 있는 가치관 등이 훌륭하다는 뜻이다.

가령, 1972년에 지어진《꽃들에게 희망을》같은 경우에는 50년의 세월이 지났는데도 아직까지 사랑받고 있는 책이다. 이 책의 경우는 연령에 구애받지 않고, 전 연령에게 꾸준히 사랑받고 있다. 나는 이 책을 아이들 독서지도뿐만 아니라 성인 독서 모임에서도 함께 읽고 있다. 이 책을 읽으면서 생애에 따라 느끼는 감정은 다르지만, 전 연령에게 감동과 깨달음을 주는 책이라는 것을 알 수 있었다.

50여 년 동안 많은 사람들에게 사랑을 받고 있는 책 중의 하나인《아낌없이 주는 나무》도 동화의 형식을 빌리고 있지만 전 연령이 읽어도 손색이 전혀 없는 책이다. 아낌없이 주는 나무의 사랑이 부모 자식간의 사랑, 이웃간의 사랑, 친구 간의 사랑 등 여러 부분으로 해석이 될 수 있지만, 책을 접한 연령에 따라서 자신이 느끼는 감정은 달라진다. 이러한 책이 바로 고전의 범주에 들 수 있는 것이다.

3. 고전의 가치

고전은 인류 보편적인 가치를 담고 있기 때문에 나라, 인종, 세대를 초월하여 사랑을 받고 있다. 고전은 특히 자신의 삶을 돌아보게 하고 진실된 삶을 살아가고자 하는 이에게 등불이 되어 줄 수 있다.

아이들은 읽는 대로 만들어진다는 말이 있다. 아이의 손에 쥐어진 책이 장차 아이에게 어떠한 무궁무진한 가능성과 희망을 안겨 줄지 아무도 모른다. 지금 아이가 만나고 있는 한 권의 책이 인생의 터닝포인트가 될 수 있고, 외롭고 힘들 때 그 누구에게도 받을 수 없는 따뜻한 위로를 받을 수 있을지 아무도 모른다. 이왕이면 아이의 손에 있는 책이 고전이라면 효과가 훨씬 다르지 않을까?

아이들에게 인문고전 독서지도를 해야 한다고 강조하다 보면 받게 되는 질문이 있다. '성인도 읽기 힘든 고전을 아이들이 어떻게 읽나요?', '다른 책을 읽을 시간도 없는데 꼭 고전을 읽혀야 하나요?', '우리 아이는 책에 대한 흥미가 전혀 없는데 어떻게 고전을 읽나요?' 등의 많은 질문이 쏟아진다. 인문 고전독서는 성인뿐만 아이라 아이들도 낯설고 힘들어하지만, 제대로 읽게 되면 가장 큰 효과를 발휘하는 것도 바로 인문고전 독서이다. 다음은 인문 고전 독서가 왜 필요한지 알아보고자 한다.

인문고전을 왜 읽어야 하나요?

첫째, 인문고전 독서를 하면 아이의 정서지능을 높일 수 있다.

정서지능이란 자신과 타인의 감정을 이해하고, 수용하며 자기감정을 조절할 수 있는 능력을 의미한다. 요즘 아이들은 형제도 많지 않고, 하교 후에도 또 다른 학습에 치여 살다 보니 또래와 자주 어울리지 못하는 문화이다. 특히 요즘처럼 코로나와 같은 감염성 질병으로 인하여 함께 어울리지 못하고 고립된 생활을 하는 시대에 꼭 필요한 독서가 바로 고전 읽기이다. 고전독서를 통하여 다른 사람의 마음을 이해할 수 있는 공감 능력과 긍정적인 마음, 문제해결력을 기를 수 있다. 책 속에 등장하는 다양한 인물과 사건들을 접하고 배움으로써 자연스럽게 정서지능이 높아질 수밖에 없다.

인문고전은 '효', '인', '의', '우' 등 인간의 기본적인 가치와 도리를 토대로 하고 있어서 책을 읽고 난 후 아이가 자신의 행동을 돌아볼 수 있는 계기가 된다. 고전을 읽으면 올바른 가치관을 형성하는 데 도움을 준다. 고전 독서 지도를 하고 나면,

"책을 읽다 보니 주인공의 마음을 이해하게 되었고, 왜 그렇게 행동했는지 알게 되었어요."

"이 책을 읽어보니 자신을 희생하면서 나라를 위해 애국하는 주인공의 고귀한 마음을 느낄 수 있었어요."

"꿈을 갖는다는 것이 얼마나 중요한지 알게 되었어요. 저도 주인공처럼 저의 꿈을 이루기 위해서 계속 노력할거에요."

라는 말을 한다. 이는 모두 고전 읽기를 통한 성찰의 결과이다.

둘째, 인문고전 독서는 여운과 즐거움을 안겨준다.

고전이라고 하면 어렵다는 인식이 있는데, 즐거움을 안겨준다고 하니 의아해하는 사람이 있을 듯 싶다. 인문고전 독서지도를 하다 보면 아이들이 하나같이 하는 말들이 있다.

"선생님, 고전은 어려운 줄 알았는데, 이렇게 재미있고 쉽게 읽히는 줄 몰랐어요."

"어렸을 때 만화와 동화책으로 짧게 읽었던 것보다 훨씬 재미있고 좋아요."

"이젠 다른 책들이 시시하게 느껴져요."

"책이 길어서 처음에는 겁이 났는데 막상 읽기 시작하니깐 계속 읽고 싶어서 쉬지 않고 읽게 되었어요."

아이들이 인문고전 독서를 어려워하는 것은 '고전은 어렵다'라는 선입

견과 더불어 제대로 된 인문고전 독서를 지도받지 못해서 그렇다. 인문고전 독서를 제대로 지도받고, 고전의 맛을 알게 되면 다른 어떤 책보다 재미있게 폭 빠져서 보는 책이 바로 인문고전이다.

셋째, 인문고전 독서는 아이의 행동에 변화를 일으킨다.

앞으로 우리 아이들은 인공지능으로 대체되지 않는 공부를 해야 한다. 그것이 바로 인문학 공부이다. 이는 다른 기술적 학문을 공부하기 전에 우선 바탕이 되어야 하는 공부이다. 인문학은 '나는 어떠한 사람이고, 앞으로 어떻게 살아가야 하는지?'에 대한 탐구가 시작되는 학문이라고 할 수 있다. 나의 삶을 돌아볼 수 있게 하는 것이 바로 인문 독서의 힘이다. 인문고전을 읽다 보면 이러한 생각에 자극을 주게 된다. 이것은 인문 독서를 하고 토론을 통하여 더 잘 길러질 수 있다. 고전에는 선현들이 남긴 위대한 일침들이 아주 많다. 우리가 살아가면서 갖게 되는 철학적인 고민에 대한 답변을 고전을 통하여 얻을 수 있기 때문이다.

인문고전을 어떻게 읽혀야 할까요?

고전이 좋은 책인 줄 알고, 읽어야 하는 필요성은 알겠는데 막상 아이에게 고전을 읽히려면 어떤 책부터 어떻게 해야 할지 막막해하는 분들이 많다. 인문고전을 어떻게 읽혀야 하는지 소개하고자 한다.

1. 호흡이 짧은 쉬운 책부터 접근하자

어떤 일을 시도하려면 '아! 그거 해볼만 하네?'라는 생각이 들어야 해볼만한 의지가 생긴다. 이는 고전을 읽을 때도 마찬가지이다. 고전하면 어렵다는 인식이 강한 것은 사실이다. 하지만 고전독서는 얼마든지 쉽게 접근이 가능하다. 권장도서나 아이 학년에 연연해하지 말고, 아이에게 흥미를 끌 수 있는 책으로 글밥이 적거나 호흡이 짧은 책으로 시도하면 좋다. 고전은 '읽기 어려운 책', '딱딱하고 재미없는 책', '지루해서 거들떠 보기 싫은 책' 등의 이미지가 있는데 처음부터 어렵고 방대한 양의 책을 들이밀게 되면 아이는 거부감을 갖게 마련이다. 아이들이랑 고전을 읽을 때는 무조건 쉬운 책으로 접근하는 것이 좋다. 쉽고 만만한 책으로 접근한 후에 '고전은 쉽고 재미있는 책이구나'라는 마음을 심어준 후에 점차 수준있는 책으로 늘려가는 것을 추천한다.

2. 함께 읽어라

고전은 줄거리만 파악하기 위한 책이 아니다. 고전은 읽는 과정에서 지식과 깨달음을 얻는 것이 중요하다. 이는 혼자 조용히 앉아서 읽는 것보다는 함께 읽을 때 효과를 발휘한다. 책을 읽고 난 후에 '주인공은 왜 이런 행동을 했는지?', '그때의 기분은 어땠을 것 같은지?', '그때 나라면 과연 어떤 선택을 했을 것 같은지?'에 대하여 질문하고 얘기 나누다 보면 내가 미처 생각하지 못했던 부분을 알 수 있고, 말하는 과정에서 생각 정리가 되는 것을 느낄 수 있다. 고전을 읽고 난 후에 항상 책에서 질문을 만들게 하고, 그 질문을 토대로 토론을 진행하면 효과가 더욱 좋다.

3. 칭찬 또 칭찬하라

고전은 평소에 아이들이 접하기 쉬운 책은 아니다. 가령 논어와 명심보감, 채근담 같은 경우에는 한자가 대부분이어서 생소한 단어도 많고 표현 자체도 낯선 경우가 많다. '쉽게 도전하기 힘든 고전을 읽는 멋진 아이들'이라는 인식을 심어주면서 열린 마음으로 칭찬 또 칭찬해 줘야 아이들이 자신감도 생기고 읽을 맛이 난다. 고전을 읽을 때는 열린 마음으로 아이들을 많이 칭찬해 주려고 노력하자. 칭찬을 먹고 힘이 난 아이는 다음 책도 힘을 내서 읽을 수 있다.

4. 책의 가치를 알려주자

인문고전 독서를 진행하기 전에 책의 가치를 알려주면 고전을 바라보는 아이들의 눈빛이 달라진다. 가령 《논어》를 읽을 때면 '이 책은 2500년 이상이나 된 책이고, 2500년이 지난 후에도 사랑받고 있을 책'이라고 이야기해주면 아이들의 자세가 달라진다. 더불어 이와 관련된 책이 3,000권 이상이 넘었고, 과거 시험을 보기 위해서는 필수로 읽어야 하는 책이었으며, 동양 철학의 근간이 되는 책이라고 얘기해 주면 아이들은 더욱더 열린 마음으로 적극적으로 참여하게 된다. 《빨간머리앤》을 읽을 경우에 "선생님이 너희 나이때 재미있게 읽었던 책이야. 그런데 너희 나이때 읽었던 때의 느낌과 선생님이 아가씨때 읽었던 느낌, 지금 너희 또래의 아이 엄마인 상태에서 읽는 느낌이 아주 다르단다. 이 책은 너도 읽고 나중에 너희 딸도 읽어서(물론, 딸을 낳는다면.) 함께 얘기 나눌 수 있는 책이 될 거야."라고 얘기해 주면, 책을 바라보는 아이들의 시선이 따뜻하게 달라짐을 느낄 수 있다.

5. 읽고 난 후의 활동도 중요하다. 입과 손으로 함께 읽자

고전은 혼자 읽는 것보다 함께 읽고, 토론을 진행하면 효과를 더욱 발휘할 수 있다. 여건이 되어서 가정에서 부모가 함께 읽고, 토론하는 것도 좋지만, 또래 아이들과 그룹을 지어서 질문을 만들고 그 질문에 대한 답변을 나누면서 진행하면 더욱 효과적이다. 토론이 끝난 후에는 필사를 진행하면 좋다. 필사만큼 좋은 독서법도 없다. '가슴에 와닿는 구절, 두고두고 기억하고 싶은 구절, 내 마음을 쾅 내리찍은 구절' 등을 적고 난 후에 그 구절에 대한 자신의 생각을 적어 두면 좋다. 손으로 한 구절 한 구절 꼭꼭 눌러서 옮겨 적으면서 그 의미를 되새기며 필사를 진행하다 보면 자신도 모르는 사이에 크나큰 깨달음을 주는 책이 바로 고전인 것이다.

인문고전 독서지도를 성패를 좌우하는 7가지 비결

1. 인문고전 독서에 대한 믿음이 중요하다

고전은 쉽게 읽을 수 있는 책이 아닌 만큼 지도하는 사람의 확고한 믿음이 없으면 지속하기 힘들다. 인문고전 독서지도를 꼭 시키고 싶다며 무리하게 시간을 쪼개서 만들어 오신 분들이 있다. 그런데 몇 달 못 가고 마는 경우는 대부분 믿음의 결여 때문이다. 수학, 영어 점수가 낮아서 그 성적을 올리는 것이 급한데 그 시간과 겹쳐서 아쉽지만 관둬야 한다는 것이다. 단번에 결과가 보이지 않는 것에 시간을 쓰는 것이 무모하게 느껴질 수 있다. 하지만, 아이의 교육에서 고전 수업을 최우선 순위로 잡고 모든 학원 시간을 조절해 오신 분들이 대부분이다. 심지어 이 수업을 위해서 이사도 안 하고 계신다는 분도 계시고, 멀리 타지역에서 찾아오는 분들도 계신다.

센터 친구들에게 내가 항상 하는 말들이 있다. 결과가 눈에 바로 보이지 않아서 지금 너희들이 하고 있는 것이 진정 옳은 일인가 의문이 들 수도 있겠지만, 너희들은 지금 그릇을 만드는 중이라고 얘기해 준다. 앞으로 '가치있고 좋은 것을 무한으로 담을 수 있는 거대한 그릇을 만들고 있는 중'이라고 말이다. 우리 아이들의 그릇을 만드는 일인데 교사인 도공의 손을 함부로 놀릴 수 없다. 내가 지금 하는 손짓으로 얼마나 멋진 그릇을 만들어 낼 수 있을지 잘 알기에 그릇 만드는 손에 가끔은 힘을 잔뜩 주기도, 때로는 힘을 완전히 빼기도 한다. 미래의 주역이 될 그릇을 만드는 일만큼 멋진 일이 또 있을까? 학부모와 교사, 학생의 삼박자가 어우러진 인문고전 독서에 대한 확고한 믿음이 있기에 우리 아이들의 그릇 만들기는 의심의 여지없이 잘 되어가고 있다.

2. 고전 읽기는 시간이 남을 때 하는 것이 아니라 시간을 빼서 하는 일이다

고전독서의 필요성을 설파하다 보면, 아이가 책을 읽을 시간이 없다는 말을 자주 한다. 우리가 시간이 없다고 아이들 밥 먹이는 것을 거르지 않듯 고전 읽기는 아이에게 영양 가득한 밥을 챙겨 주듯이 해야 한다. 아이에게 마음의 양식을 채우는 일인데 어찌 거를 수 있겠는가? 아이에게 최고의 영양분을 준다고 생각한다면 시간이 남을 때 가끔씩 챙겨주는 것이 아니라 미리 챙겨줘서 마음의 영양분으로 살찌우고, 아이의 정서에 도움을 줘서 단단하게 내면의 힘을 키워 줘야 한다.

고전독서를 성공하기 위해서는 시간 확보가 급선무이다. 빽빽하게 짜여 있는 스케줄 안에 고전읽기라는 숙제와 같은 부담스러운 시간을 안겨주지 않았으면 좋겠다. 여유로운 시간 속에서 아이가 고전을 읽고, 책 내용을 두고두고 곱씹어 볼 수 있는 시간이 주어진다면 그 아이의 미래는 과연 어떻게 될까? 생각만 해도 가슴 뛰는 일이다.

3. 고전은 첫인상이 중요하다

책의 가치와 배경지식을 알려주면 아이에게 고전에 대한 긍정 인식을 심어줄 수 있고, 책에 대한 이해가 쉬워 훨씬 더 친근하게 느껴진다. 생텍쥐 베리의 《어린왕자》와 리처드 바크의 《갈매기의 꿈》의 작가는 둘 다 조종사였으며, 루시 모드 몽고메리의 《빨간머리앤》은 작가의 자서전적인 이야기라고 할 수 있고, 《명상록》의 경우는 로마의 황제인 마르쿠스 아우렐리우스가 전쟁터를 누비면서도 사색을 멈추지 않고 집필한 책이라는 이야기만 해줘도 작품을 바라보는 아이들의 시선이 달라진다.

4. 고전은 혼자가 아니라 함께 읽는 것이다

함께 읽기의 힘을 발휘하는 책 중의 최고봉은 뭐니 뭐니 해도 고전 읽기이다. 고전은 담고 있는 내용이 철학적이고 내용이 매우 알차기 때문에 대화의 소재를 다양하게 얻을 수 있다. 중학생 친구들과 어니스트 헤밍웨이의 《노인과 바다》를 읽은 적이 있는데, 한 친구가 책의 주제에 대하여 토론을 해보자는 제안을 했다. 교사인 미처 생각지도 못한 부분까지 꿰뚫고 있는 학생들의 모습을 보면서 감탄하면서 들었던 적이 있다.

"어떤 힘든 상황에서도 포기하지 않는 마음을 갖는 것이 중요하다는 것을 말하고 있는 것 같아요. 노인의 행동을 보면서 그러한 마음이 들었어요."

"인생의 희로애락을 말하고 있는 것 같아요. 우리의 인생은 거대한 청새치를 잡았을 때처럼 기쁨과 환호가 있을 수도 있고, 힘들게 잡은 물고기를 상어에게 뺏기는 슬픔과 분노도 있을 수 있어요. 하지만, 그러한 상황이 계속 이어지는 것은 아니니깐 내가 겪게 되는 상황에 대하여 너무 슬퍼하지도, 그렇다고 너무 기뻐하지도 않아도 된다는 것을 말하는 것 같아요."

"저는 친구의 중요성에 대하여 말하고 있는 것 같아요. 노인에게 소년이라는 존재가 있었기 때문에 포기하지 않는 힘이 생긴 것 같아요. 우리도 살아가면서 나를 전적으로 믿어주는 친구가 있다면 삶이 달라질 수 있다는 것을 알려주는 것 같아요."

아이들의 입에서 이러한 말들이 쏟아져 나오는 원동력은 모두 함께 읽기의 힘 덕분이다. 혼자 읽으면 그냥 읽고 지나쳤을 내용인데, 함께 읽고 질문하고 토론하며 다른 친구들의 의견을 들으면서 그 이상의 것을 보게 되는 것이다. 이렇게 함께 읽다 보면 어김없이 아이들의 입에서 감탄사가 나온다. "와우!!! 선생님, 이 책이 이렇게 멋진 책인 줄 몰랐어요. 함께 읽다 보니 친구들의 다양한 생각을 듣게 되어 무지 좋아요." 감동은 비단 아이들의 몫만은 아니다. 수업을 진행하면서 교사인 내가 느끼는 뿌듯함은 이루 말할 수 없다. 수업 시간마다 아이들의 입에서 또 어떤 말들이 쏟아져 나올지 설레고 기대된다.

5. 고전을 읽기 전후가 바뀌지 않는다면 고전독서의 의미가 없다

고전을 많이 읽히는 것에 초점을 맞추는 것이 아니라 아이가 책을 읽으면서 뭔가를 느낄 수 있고, 행동이 달라질 수 있으면 그것이야말로 고전을 제대로 읽은 것이다. 고전을 읽는 행동 자체에 중심을 둘 것이 아니라 그 후에 달라지는 모습을 기대하자.

한 친구가 학기 초에 이런 이야기를 한 적이 있다. 센터에서 필사했던 리더의 자질에 관한 논어의 말씀이 생각나서 그 내용으로 반장 선거 유세때 어필했다고 한다. 친구들과 대화하는데 논어의 말씀이 자꾸 생각나고, 글을 쓸 때도 인용하게 된다고 한다. 사자소학을 읽고 있는 아이의 학부모님께서 전화를 주셨다. 아이가 아빠가 퇴근해서 오시면 너무나도 반갑게 현관까지 뛰쳐나가서 인사를 하고, 엄마가 몸이 안 좋아서 누워있었더니 물을 떠다 주고 뭐 필요한 게 없냐고 계속 물어보면서 간호를 해줬다고 한다. 부모님의 노고를 아는 것에 끝나는 것이 아니라 효를 실천하는 힘을 주는 것! 그것이 바로 고전의 힘이다.

논어를 읽고 학생들이 필사한 내용

그렇다고 논어에 나오는 말씀을 안다고 얘기하면서 거들먹거린다면 고전을 제대로 읽은 것이 아니다. 우리가 살아가면서 고전의 말씀이 불현듯 생각나고, 그 생각이 자연스럽게 삶에 녹아 나온다면 그것으로 족한 것이다. 실천이 없는 독서는 죽은 독서나 마찬가지이다. 아이가 무슨 고전을 얼마나 많이 읽었느냐보다 단 한 권을 읽더라도 책을 읽고 어떻게 달라졌느냐가 중요하다.

6. 다양한 독후 활동은 고전의 재미를 더한다

책을 읽고 난 후에는 다양한 독후 활동을 시도하는 것이 중요하다. 책을 읽은 후에 그 책과 관련된 다양한 활동을 통해 책을 보다 깊이 이해하는 데 도움을 줄 수 있다. 어떤 독후 활동을 했느냐에 따라서 책에 대한 느낌이 달라지기 때문이다. '상대방의 입장이 되어 글을 써보기, 주인공에게 편지 써보기, 책 만들기, 마인드맵으로 책 내용 정리하기, 디베이트 토론해보기, 책 내용을 만화로 표현해 보기, 문학작품과 관련된 영화나 뮤지컬 보여주기'

등을 활용하면 좋다.

누리봄 인문교육 코칭센터 학생들의 독후 활동 작품

　아이들에게 고전을 읽히면서 내가 가장 많이 하는 이야기는 '고전은 지저분하게 읽어라'이다. 책을 읽을 때는 반드시 연필과 형광펜을 들고 '감명 깊은 부분, 기억에 남는 문장, 주제라고 생각되는 문장' 등을 표시하면서 읽으라고 권한다. 고전은 단순히 내용 파악을 위한 책이 아니다. 나의 마음을 때린 한 문장이라도 있어서 그 문장을 자신의 모토로 삼고 아이의 삶이 바뀐다면 그것이야말로 고전독서의 최고 소득인 것이다.

센터의 아이들에게 이러한 문장을 적을 수 있는 노트를 만들어 주었는데 그 노트의 이름이 다양하다. '내 인생을 바꿔놓을 한 마디', '인재를 만드는 노트', '내 마음의 노트', '심쿵 노트', '철학자 노트' 등 노트의 제목만 봐도 아이들의 그 문장에 대한 마음가짐을 느낄 수 있다. 책을 읽고 난 후에 다양한 활동을 통하여 그 묘미를 더 살릴 수 있도록 노력해 보자.

7. 고전은 반드시 완역본을 읽어라

특히 고전문학을 읽을 때는 요약본이 아니라 완역본 읽기를 추천한다. 고전 문학은 인간의 본성이 집약되어 있다고 할 수 있다. 고전문학을 읽으면서 주인공의 감정의 변화, 생각 등의 섬세한 변화까지 제대로 느낄 수 있어야 훨씬 더 재미를 느낄 수 있다. 요약본을 통하여서는 이러한 재미를 제대로 느낄 수 없다. 고전문학을 완역본으로 읽은 아이들은 요약본 내용의 책을 시시하고 재미없다고 하는 경우가 많다. 이렇듯 고전 읽기의 힘은 원전의 힘에서 비롯된다고 할 수 있다.

인문고전 독서혁명을 꿈꾸며

인문교육 코칭센터를 오픈하자마자 지인들이 나의 교육방식을 믿는다며 자녀를 보내기 시작했다. 그 아이한테 최선을 다했더니 동생까지 보내게 되고, 아이들이 친구를 데려오기 시작했다. 센터를 운영하면서 전단지한 번 안 뿌렸는데도 특별한 교육을 하는 센터라고 소문이 나서 멀리 다른 지역에서까지 아이들이 찾아오고 있다. 센터 운영 커리큘럼이 궁금하다며 서울, 부산, 제주 등 전국에서 사람들이 찾아온다. 요즘에는 누리봄 센터 커리큘럼을 그대로 복제하고 싶다는 분들도 계신다. 센터를 찾아오시는 분들이 이런 얘기를 해주신다.

"이렇게 좋은 교육을 극소수의 몇 명만 혜택을 누리게 해서는 안 될 것 같아요. 많은 사람들에게 인문교육의 필요성을 인식시키고 가정이나 교육센터에서도 인문교육을 할 수 있는 역량을 나눠주셔야 할 것 같아요."

인문고전 독서지도를 통하여 아이들이 모습이 긍정적으로 변하는 모습을 볼 때마다 나의 교육에 대한 확신이 생긴다. 인문교육의 가치를 널리 알리고, 많은 사람이 누릴 수 있도록 해야겠다는 사명이 굳건해진다. 인문교육의 필요성을 알리기 위해 인문학 강의도 진행하고 있다. 어렵고 고리타분한 인문학 강의가 아닌 우리 삶 속에 묻어나는 강의를 하기 위해 노력하고 있다. 인문고전 독서지도도 마찬가지이다. 어렵게 생각하기 시작하면 접근 자체도 쉽지 않고, 시도하기가 쉽지 않다. 제대로 배워서 시도하면 인문고전 독서지도는 가정에서뿐만 아니라, 아이를 교육하는 분들도 모두 쉽게 접근할 수 있다.

나로 인하여 인문고전 독서지도 붐이 조금이라도 일어나길 바래 본다. 그러한 고귀한 불씨가 되기 위해서 나는 오늘도 힘주어 인문교육의 필요성을 설파하고 다닌다.

나는 대한민국 인문고전 독서지도 메신저 류현주이다!!!

* 누리봄 인문교육 코칭센터 (광주광역시 남구 소재)

CHAPTER 6

부모와 청소년의
정서적 안정과
성장을 지원하는
메신저

박지원

대학에서 컴퓨터 공학을 전공하고 프로그램 개발회사를 3년간 다니다가 퇴사 후 공기업에 입사하여 28년째 일하고 있습니다. 심리상담과 치유에 관심이 많아 관련책 을읽고 틈틈이 공부하며, 소외된 아동과 청소년의 정서적 안정과 성장을 지원하고, 좋은 부모가 되기 위해 노력하는 분들과 함께 공부하며 독서모임과 자조모임 운영하고 있습니다.

이 책을 함께 쓴 분들은 나름대로 자신의 위치를 굳히고 메신저로서 활발히 활동하고 있는 분들입니다. 메신저도 아닌 내가 그런 분들과 함께 책을 쓴다는 것이 처음에는 망설여졌습니다. 하지만 누구나 시작은 있는 법, 저처럼 처음 걸음 마를 시작한사람의 이야기도 성공담 못지않게 도움이 될 것 같아 공저작업에 참여하였습니다.

여러가지로 준비되지 않은 저를 참여시켜주신 박현근 코치님과 다른 공저자분들, 그리고 최원교 대표님께 깊이 감사드립니다.

[프로필]
- 현)청소년부모또래상담 사
- 현) 부모또래 상담사
- 현)슬기로운 부모생활 멘토
- 현)청소년상 담센터 청소년 멘토
- 전)학교폭력위원회 위원
- 전)야학 교사

[소지 자격증]
- 심리상담사 1급
- 자기주도학습지도사
- 방과후 학교지도사 1급
- 아동 심리상담사 1급
- 아동미술심리 상담사 1급
- 독서지도사
- 정보처리기사 1급
- 컴퓨터 활용능력 2급
- 인터넷정보검색사 2급
- ITQ(한글파워포인트)A등급
- 워드프로세서 1급

CONTENTS

교육열이 높으셨던 할아버지와 아버지

나는 시골 촌놈이다. 하늘아래 첫 동네, 경북 금릉군의 산골인데 1995년 1월에 김천시로 편입되었다. 시골에 가려면 기차를 타고 김천역에서 내려서 다시 상주 가는 버스를 타고 구성에서 내린다. 그리고 2시간 가량 걸어서 들어가면 나의 고향이 나온다. 지금은 시의 보조를 받아 하루 3번 버스가 다닌다고 한다.

시골에서 여섯살 봄까지 살았고 증조할머니가 돌아가시자 부모님과 살게 되었다. 증조할머니는 돌아가실 때까지 치매를 앓으셨다. 제사에 쓸 곶감을 할머니 몰래 내 손에 쥐어주셨던 다정한 모습도 생각난다. 제사에 쓸 곶감을 내가 눈치없이 다 먹어서 할머니를 곤란하게 만들기도 했다. 가게도 없는 작은 마을, 곶감은 나에게 중요한 간식거리였다.

유년시절 나의 기억에 어머니와 아버지는 없다. 내가 아기때 도시로 가셨기 때문에 나의 세상에는 증조 할머니와 할머니 할아버지가 전부였다. 아버지는 가난한 시골에 살기에는 꿈이 컸다. 취직해서 도시로 떠날 때 중

조할머니가 적적하니 나는 두고 가라고 하신 말씀을 어기지 못해 오빠만 데리고 갔다.

당시에는 자식을 키우는 것도 어른들 의견에 따라야 했다. 나는 너무 어렸을 때 부모님과 헤어져 조손가정의 아동으로 자랐다.

할머니 할아버지와는 좋은 추억이 많다. 할아버지가 짊어진 지게를 타고 진달래꽃 흐드러지게 핀 길을 따라 재 너머 밭에 가던게 생각난다. 집에서 기르던 사나운 소의 뿔에 받힐 뻔 한 적이 있다. 할아버지가 대신 막아서는 바람에 나는 무사했지만 할아버지는 한참을 앓아 누우셨다. 결국 할아버지는 그 소를 팔았고 내가 부모님 곁으로 올라올 때까지 소를 사지 않았다. 아침이면 여물을 달라고 울던 소울음 소리를 못 들으니 허전해서 비어있는 외양간 앞을 서성였던 기억이 난다.

할아버지는 술을 좋아했고 술만 마시면 온동네가 떠나가도록 소리 질러댔지만 나에게는 한없이 자상하고 좋은 분이었다. 당신은 무학이었지만 교육열이 대단해서 가난한 살림에 아버지와 작은아버지를 고등학교 공부까지 시켰다. 지금은 그게 무슨 대단한 것이냐 싶지만 시골에서 아버지 연배의 어른들은 집안이 부자여도 초등학교 정도만 겨우 보냈다. 그런 할아버지의 성품을 이어받은 아버지는 공무원의 박봉에도 자식들 모두 유치원에 보냈고 대학 공부를 가르치셨다.

방앗간을 하던 아저씨의 딸은 나와 동갑내기였는데 초등학교를 졸업하고 구미공단에 가서 일했다. 지금 생각하면 중학생 정도나이의 미성년자를 어떻게 고용했을까 싶은데 그때는 그게 가능했던가보다. 그 아이는 공장·

에 딸린 기숙사에서 숙식을 해결하며 낮에는 일하고 밤에는 2~3시간 정도 공장에서 마련한 산업체 부설 중학교에서 공부를 했다. 월급은 작지만 숙식 해결과 공부까지 시켜주니 부모로서는 욕심나는 조건이었던 것 같다.

아버지가 고향을 떠나오지 않았다면 나도 그들과 같은 삶을 살았을 것이다. 우리집은 항상 누렇게 변하고 냄새 나는 정부미를 먹고 살았지만 공부하는데 쓰는 돈과 책을 사는데 드는 비용을 아끼지 않으셨던 아버지 덕분에 나는 여기까지 올 수 있었다.

할아버지와 아버지가 하셨던 것처럼 나도 아이들 교육에 아낌없이 투자했다. 아버지는 항상 자식에게 재산을 물려주는 것보다 교육을 시키는 것이 더 중요하다고 말씀하셨다. 쉽게 물려 받은 재산은 잘못 관리해서 잃을 수 있지만 교육을 받고 머리에 들어간 지식과 지혜 는 평생 없어지지 않는 자산이 된다고 하셨다. 임기응변에 강하고 당찬 성격의 사람은 배움이 부족해도 잘 헤나 갈 수 있겠지만 나같이 소심한 사람은 인풋이 많아야 세상을 잘 살아낼 수 있지 않을까 싶다. 할아버지와 아버지의 영향을 받아서 나는 아직도 배우는 것을 좋아하고, 아이들도 힘닿는 대로 열심히 가르치고 있다. 나는 살아갈수록 아버지의 판단이 옳았다는 것을 실감하며 감사하게 생각하고 있다.

세상으로 열린 창을 만난 젊은 부부

대학교 3학년 겨울방학이었다. 법대 다니던 친한 후배가 함께 야학을 하자고 했다. 바쁘고 시간이 없어서 망설였다. 집에서 제대로 경제적 지원을 받지 못했던 나는 여러 개의 아르바이트를 했다. 고등학생 입주과외, 학교앞 식당 서빙과 학생식당에서 설거지와 국과 밥을 푸는 일 등으로 늘 시간이 부족했다. 욕심이 많아서동아리 활동도 몇 개 했다. 민족사를 연구하는 '다물사상연구회'와 AFKN을 청취하며 영어를 공부하는 동아리 활동도 했다. 교수님과 함께 외국에서 들여온 전공서적을 번역하는 일까지 했다 . 내가 다니던 대학은 시험 외에도 논문을 써야 졸업을 할 수 있었기 때문에 논문 준비까지 하려니 참 바빴다. 잠을 줄이고 부지런을 떨어도 항상 시간이 많이 부족했다. 야학을 할 수 있을까 고민이 되었다.

돌이켜 보면 나는 스스로 무엇을 시작한 것 보다는 선배님이나 교수님, 주변 지인들의 권유로 일을 하게 된 경우가 많았다. 부탁을 거절하지 못하다 보니 항상 고단했지만 그 일들을 하는 과정은 나를 단련시키고 성장하는데 큰 도움이 되었다. 바쁘긴했지만 남을 돕고 다른 사람의 부탁을 들어

주면서 많은 성장을 한 것 같다. 그렇게 시작한 야학은 공단지역 근로자들에게 야간에 공부를 가르치고 검정고시를 준비시키는 한편 부당한 노동 문제를 해결하도록 돕는 일을 했다.

야학에서 처음에는 수학을 가르쳤다. 다음에는 영어를 추가했다. 그 이후에는 갑자기 안 나오는 교사들 수업을 대신해서 하다보니 국어, 사회 등 과목이 점점 늘어갔다. 선생님은 주중에는 중·고등교과 과정을 운영했고 주말에는 한글반도 개설했다. 한글을 배우러 오는 사람이 있을까 싶었는데 짧은기간 공고를 냈는데도 불구하고 놀랍게도 스무명 남짓이나 모집 되었다. 그중에 특별히 기억에 남는 학생이 있다. 내 나이 또래의 젊은 부부였는데 어린 아이까지 있었다. 부부는 어렸을 때 부모님을 잃고 공장을 전전하며 어렵게 살다가 같은 직장에서 만나 결혼 했다. 아이가 생기자 글을 못 읽는 것이 걱정이 되었고 아이가 초등학교 입학하기 전에 한글을 깨치고 싶었단다. 아이를 맡길 곳도 없어 학교에 데리고 와서 나란히 앉아 공부하는 모습이 아름다웠다. 엄마아빠가 깍두기 공책에 글씨 연습을 할 때 아이가 자꾸 연필을 빼앗으려고했다. 그런 아이를 안고 수 업한 적도 있다.

봄에 시작한 과정이 겨울에 끝났고 크리스마스에 졸업식을 했다. 따로 강당이 없어서 두 개의 교실 중 조금 더 큰 교실에서 졸업식을 하고 교실 벽을 둘러서 책상 위에 학생들이 공부하며 썼던 공책과 편지와 수필, 시 등을 전시 했다. 졸업식을 하는날에 친오빠의 약혼식이 있었다. 가족의 중요한 행사에 참석하지 못한 것이 미안했지만 약혼식은 나없이도 할 수 있었다. 하지만 졸업식은 내가 꼭 있어야 할 자리였다. 열심히 공부해서 한글을 익힌 젊은 부부의 열정에 감동했고 그들을 도울수 있어서 기뻤다 . 그동안

글을 읽지 못해서 얼마나 답답했을까? 좋은 책도 마음껏 읽고 아들의 숙제
도 도와주며 행복하게 살았을 그들의 모습을 상상하면 뿌듯하다. 내가 다른
사람의 인생에 도움을 줄 수 있어서 행복했다.

성공한 사람들의
특별함을 배우고 적용하라

　나는 대학에서 컴퓨터 공학을 전공 했다. 지금은 누구나 집에 한 대 씩 컴퓨터가 있고, 직장에서도 컴퓨터로 일을 한다 . 그런데 내가 대학을 다니던 30년 전에 는 컴퓨터가 일반화 되어 있지 않았다. 개인용 컴퓨터인 PC도 드물었다. 공대 실험실에서만 구경할 수 있을 정도였다. 당시 가격으로도 4백만원이 넘어서 컴퓨터를 전공해도 집안이 부유한 아이들 몇 명 정도만 갖고 있었다.

　대학 시절에는 여러 개의 아르바이트를 했는데 3학년 때 컴퓨터 개인과외도 했다. 그 때 가르쳤던 사람은 고려대학교 병원 원장이었다. 아르바이트가 끝나면 기사가 운전하는 고급 승용차를 함께 타고 퇴근했다. 그때 많은 이야기를 나누었는데 역시 성공한 사람은 달랐다. 그분은 새벽 네 시에 하루 일과를 시작했다. 새벽에 기사가 모는 차를 타고 골프장에 가서 한 시간 동안 골프를 치고 아침 일찍 병원에 출근했다. 한 시간 가량 독서를 하고 명상을 한 후 업무를 시작한다. 큰 병원의 원장이 얼마나 바쁜 일상을보내고 신경 쓸 일이 많은지 그때까지 몰랐다. 개인 기사와 비서를 둔 여유롭고 안정된 일상일 거라고 생각했는데 바쁘고 치열하게 살고 있었다.

　병원 일과가 끝난 후에도 공적이나 사적으로 사람들을 만날 일들이 많아서 새벽에 시작한 병원장의 일과는 밤늦게까지 계속되었다. 그렇게 바쁘게 활동하면서도 철저한 시간 관리와 균형잡힌 식사, 좋은 영양제를 챙겨 먹고, 매일하는 운동으로 자신의 가치를 유지하고 있었다 . 점심식사 후 20분 정도 낮잠을 자고, 기사가 운전해 주는 차에서 이동 중에 잠깐씩 쪽잠을 자는 것으로 피로를 풀기도 했다. 자신의 시간과 일정을 주도적으로 결정하고 실행할 수 있는 그분의 위치와 상황이 부러웠다.

　나는 항상 시간에 쫓기고 경제적으로 쪼달렸으며 다른 사람의 결정에 끌려다니는 삶을 살고 있었다. 그런 나에게 그분의 성공과 일상은 나와는 상관없는 먼 이야기처럼 느껴졌다. 나도 그렇게 될 수있다는 꿈을 꾸지는 않았다. 나와는 동떨어진 영원히 닿을수 없는 것이라고 생각했다. 지금 생각하면 후회된다. 내가 그때 조금 더 긍정적으로 생각하고 나 자신을 사랑했다면 지금과는 다른, 더 나은 삶을 살 수 있지 않았을까? 왜냐하면 요즈음 나는 바라고 꿈꾸는 일들이 계속 이루어지는 기적을 경험하고 있기 때문이다. 다른 사람들이 보면 보잘 것 없다고 생각하겠지만 나에게는 좋은 성과들이었다. 내가 더 큰 꿈을 꿔도이루어질 것 같다.

　며칠 전에 읽었던 '퍼스트 클래스 승객은 펜을 빌리지않는다.'라는 책에서 성공한 사람들의 일상과 태도에 관한 글을 읽었다. 내가 만났던 성공한 사람들, 영향력 있는 사람들이 생각났다. 그들은 생각이 달랐고, 행동이 달랐다. 그리고 자신의 성공에서 얻어진 소중한 것들을 다른 사람과 나눌 줄 알았다. 내가 컴퓨터를 가르쳤던 병원장도 공부하다가 틈틈이 나에게 도움이 될만한 이런 저런 이야기를 해 주었다. 20대 초반의 젊은이였던 내 앞에 펼쳐질 삶이 행복하고 순탄하길 바라는 마음에서 도움이 될 만한 좋은 이야기들을 해준 것이다. 아무 말없이 필요한 컴퓨터 공부만 할 수도 있었을 텐데 그분은 그러지 않았다.

나는 그의 일상에 잠깐 스쳐가는 사소한 인연에 불과한데 좋은 것을 전해주려고 노력하고 있었다. 컴퓨터 과외를 하면서 돈보다 더 큰 것을얻었다. 그분은 내가 가르치는 데 소질이 있으니 그런 분야의 일을 해보라는 조언도 해 주었다.

나도 그런 삶을 살고싶다. 누군가에게 좋은 영향을 주고 격려하며 자신을 소중한 존재라고 느낄 수 있도록 하는 영향력 있는 어른이고 싶다.

청소년에게 긍정적인 영향을 주고 성장을 돕는 일을 하고 싶다는 생각은 그때부터 싹트기 시작했다.

다른 사람의 악의적인 평가에
좌절하지 마라

　살다보면 악의적인 사람들을 만난다. 그들은 절대 나를 위해 좋은 말을 해주지 않는다. 서 있으면 주저 앉히려 하고 앉아 있으면 넘어뜨리려고 한다. 내가 잘되는 것을 못마땅하게 생각한다. 성과를 내려고 하면 어떻게든 방해하는 사람이 있다. 많은 것을 잘해도 한 가지 실수를 하면 침소봉대하여 그것을 떠들고 다니며 다른 사람이 나에게 나쁜 선입견을 갖도록 한다. 내 주변에 나의 소중한 자산이 될 만한 사람에게 접근하여 나를 이간질하고 멀어지게 한다. 나에게 좋은 영향력을 줄 수 있는 인맥을 차단하고 가로채 가기도 한다. 도대체 무엇 때문에 다른 사람에게 그렇게 하는걸까? 그렇게 해서 얻는 것이 뭐가 있다고. 그런 사람들의 마음속 깊은 곳에는 질투가 있다. 제대로 된 사랑을 받지 못하고 열등감이 있는 사람들은 다른 사람의 성공에 박수를 보내지 않는다. 그 사람의 장점을 배우려고 하지 않는다. 비난하고 흠을 찾아낸다. 강에서 열심히 헤엄쳐 앞으로 나아가는 사람의발목을 잡아 물귀신처럼 물 속으로 끌어내리려고 한다.

다른 사람의 성공을 가로막는 사람은 과연 상대를 방해하는 것으로 끝날까? 아니다. 남의 발목을 잡고 끌어내리는 사람은 상대보다 더 깊이 물 속에 들어가야 한다. 발목을 잡아야 하니까 더 깊이 빠져있어야 한다. 그렇기 때문에 다른 사람을 방해하다가 자신이 먼저 망하게된다. 남에게 악의적인 말을 하고 상처를 주는 사람은 스스로 더 깊은 구덩이를 파고 자신을 매몰시키는 것과 같다.

대부분의 사람은 자신의 성공에 박수를 보내고 응원하는 이에게 마음을 열게 된다. 그들에게는 내가 성과를 내기까지 경험했던 나만의 노하우를 알려주고 싶어진다. 나에게 호감을 갖는 사람에게는 대가를 바라지 않고 진심으로 그가 성공하기 바라고 도와주고 싶어진다. 조직 생활을 하고 있다면 인사권자나 그 사람을 중요하게 쓰려는 관리자에게 그에 대한 좋은 평판을 전해주게 된다. 성공의 징검다리를 기꺼이 제공하게 된다.

다른 사람의 평가에 잘 흔들리는 사람은 대게 자아존중감이 낮은 사람이다. 꽤 능력있고 잘나가는 성공한 사람중에도 자존감이 매우 낮은 사람이 있다. 그들은 성장 과정에서 사랑을 제대로 받지 못했거나 안정적인 양육환경에서 성장하지 못한 경우가 많다. 엄격하고 완벽함을 추구하는 부모 밑에서 칭찬보다는 비난을 많이 받고 자란 사람들이다. 그들은 부모가 이혼하거나, 가출 또는 돌아가신 것이 자신의 책임이라고 생각하며 죄책감을 가지고 자란다.

나의 경우도 그랬다. 어머니가 돌아가신 것이 내 탓이라고 생각했다. 초등학교 10살 때, 어머니가 나의 세상에서 사라진 봄날이 생각난다. 학교에서 돌아왔는데 집안이 조용했다. 항상 나를 맞아주고 간식을 챙겨주던 어머니가 안 보였다. 온 집안이 캄캄하고 온기가 없었다. 옆집에 갔거나 볼일이 있어서 나가셨을 만도 한데 느낌이 이상했다. 방바닥에는 핏방울이 몇 개 있었다. 그렇게 떠난 어머니를 몇 달 후 장례식 때 영정사진으로 만났다.

어머니는 몇 달간 병원에 입원해 있었는데 나는 돌아가실 때까지 한 번도 만나지 못했다. 어린 나이에 나는 왜 아버지께 어머니가 보고 싶으니 병원에 데려가 달라고 얘기하지 않았을까? 어머니는 의료사고로 돌아가셨지만 그때의 나는 어머니가 돌아가신 것이 나때문이라고 생각했다. 내가 어머니를 서먹하게 생각해서 나를 떠난것이라고 생각했다. 지금 생각하면 터무니 없다.

부모의 이혼이나 어머니나 아버지가 싸우거나 집을 나가서 돌아오지 않는 등 가정이 해체되는 일을 당할 때 많은 아이들이 나처럼 죄책감을 느낀다고 한다. 그래서 부모는 아이 앞에서 싸우지 말아야 하고, 어쩔수 없이 헤어지게 되는 경우에도 아이 대한 사랑을 소홀히해서는 안된다. 아이가 죄책감을 갖지 않도록 도와주어야 한다. 어른 사이의 일은 아이탓이 아니며, 상황이 그렇게 흘러가더라도 부모는 언제나 아이를 사랑한다는 것을 알려주어야 한다. 떨어져 있더라도 아이가 항상 부모의 사랑을 받고 있다는 것을 느끼도록 해주고, 아이가 어떤 어려움을 만나더라도 든든한 버팀목이 되어줄 것이라는 확신을 주어야 한다.

하지만 그때에는 아무도 나에게 어머니가 돌아가신 게 내 탓이 아니란 말을 해주지 않았다. 내가 그런 근거없는 죄책감을 갖고 있을 거라고 생각하지 못했기 때문일까? 어머니의 부재로 마음이 허전했던 나는 한 여름에도 가슴이 시렸다. 꽁꽁 언 남극의 빙판 위에 찬바람을 맞고 서 있는 것처럼 힘들었다.

마음이 힘들 때 맞이한 새어머니는 따뜻한 성품의 분이 아니었다. 목소리가 크고 괄괄한 성격이었다. 나름 잘해주려 노력하셨겠지만 나는 서먹하고 어려웠다. 새어머니가 동생을 나은 후 부터는 상황이 더 힘들어졌다. 나는 항상 사랑이 고팠다. 집은 내가 있을 곳이 아닌 것처럼 느껴졌다. 발에 안 맞는 신발처럼 늘 불편했다.

나는 이런 경험이 결손가정에서 힘들어하는 많은 의붓 부모와 그들과 함께 자라는 아이들에게 도움을 줄 수 있을 것이다. 요즈음 나는 부모와 청소년들을 돕기 위해 내 수준에서 할 수 있는 일들을 하고 있다. '부모또래 상담자'와 '슬기로운 부모 멘토', '청소년 멘토' 등으로 틈틈이 봉사하고 있다. 체계적인 조직을 갖추진 않았지만 자조모임도 하고 있다. 내가 좀 더 공부하고 준비가 되면 제대로 운영해 보려고 한다. 새롭게 구성된 가족들이 사랑과 보살핌으로 행복한 가정을 이루도록 돕고 싶다.

의붓 자식을 미워하거나 제대로 된 양육법을 몰라서 힘겨워하는 부모들을 돕고 싶다. 성숙하지 못한 부모가 아이를 학대하고 돌이킬 수 없는 험한 일을 벌이는 것을 막아보고 싶다. 부모가 행복하고 자녀들도 잘 성장할 수 있도록 서로 돕는 공동체를 구성하는 것이 나의 비전이다. 우리 모두는 부족함이 있지만 그럼에도 불구하고 행복할 수 있다.

안정되지 못한 환경에서 부모의 사랑을 제대로 받지 못하고, 반복되는 비난과 질책을 받고 자란 사람은 자존감이 낮기 때문에 다른 사람의 부당한 대우에 당당히 맞서거나 자신을 효과적으로 방어하지 못한다.

이유 없이 괴롭히고 힘들게 하는 사람이 있을 때 어떻게 대처해야 할까? 내가 아무리 노력해서 성과를 내더라도 그것을 폄하하고 악의적인 여론을 만들어 나를 고립시키는 사람을 어떻게 대해야 할까? 그런 사람의 말을 듣고 좌절하거나 스스로를 보잘 것 없는 존재라고 생각할 필요가 있을까? 아니다. 그런 사람의 말은 듣지도 말고 만나지도 말자. 나에게 부정적인 영향을 주는 사람은 주소록에서 지워버리자. 그 사람의 이름을 보며, 함께 있을 때 나에게 줬던 상처를 떠올리며 나의 소중한 시간과 감정을 낭비할 필요가 없다. 마음에 암막 커튼을 쳐서 그들의 부정적인 에너지가 나에게 가까이 오지 못하게 하자.

나를 응원하고 격려하는 사람에게 시선을 돌리자. 그들과 관계를 오래 지속하기 위해 노력하자. 수첩에 리스트를 적어놓고 주기적으로 관리하자. 안부를 묻고, 식사를 대접하고 예쁜 카페에서 커피를 함께 마시며 정을 나누자. 그들이 나에게 얼마나 소중한 존재이며 내가 얼마나 고맙게 생각하고 있는지를 전해주자. 그러면 화수분에서 맑은 물이 나오듯 그들에게서 나오는 격려와 응원이 나를 치유할 것이다. 성과를 낼 좋은 정보와 자원을 주며 나를 성공시킬 것이다. 나를 더 나은 삶으로 이끌어줄 것이다.

남을 돕는 것이 자신을 돕는 것

원하는 것을 글로 적고 매일 보면서 아마 이루었다고 상상하면 실현된다. 자기계발 전문가들이 의례하는 말인 줄 알았는데 나도 실현된 경험이 있다. 가장 최근의 성공은 승진이다.

박현근 코치님의 강의를 듣고 딱 일주일간 원하는 것을 포스트에 적어서 플래너에 붙여놓고 펼칠 때마다 소리내어 읽었다. 다른 사람이 볼까봐 혼자 몰래 봤다. 원하기는 했지만 실현될 거라 생각하지는 못했는데 승진이 됐다. 내가 승진할 확 률은 10%도 안 되었다. 여론이 그랬다. 의외의 결 과에 모두가 놀랐다.

승진 심사가 있기 일주일 전부터 우연이 겹치는 행운이 반복되었다. 일요일에 출근하여 사무실에서 일하고 있는데 옆의 팀 팀장의 전화벨이 계속 울렸다. 휴일에 걸려 오는 전화는 잘못 걸려온 것이 많았다. 전화를 받을까 말까 망설이다가 받았는데 사연이 참 딱했다.

전화를 걸어온 사람은 자녀가 구치소에 수감되었다는 소식을 듣고 일본에서 급히 한국에 왔다고 했다. 코로나19 방역수칙에 의한 자가격리 때문에 아들 면회를 갈수 없어 힘들어했다. 그 어머니는 30여년 전 아들이 어렸을 때 헤어지고 혼자 일본으로 건너갔다고 했다. 아기때 헤어져서 제대로 돌봐주지 못한 것을 자책하고 있었다. 얼마나 다급했으면 숨기고 싶은 개인사까지 공개할까 싶어 가슴이 아팠다. 편지라도 써서 전해주고 싶은데 어쩌면 좋겠냐며 도와달라고했다. 그분은 휴대폰도 동생것이고 인터넷도 할수가 없는 상황이라고 했다. 자식 생각에 고통스러워 하는 마음이 느껴져서 돕고 싶었다.

법무부 홈페이지에 들어가서 방법이 없는지 이리저리 알아보았다. 인터넷으로 수형자에게 편지를 쓸 수 있었다. 감된 자녀의 수형번호를 알아냈고 불러주는 대로 편지를 썼다. 자가 격리가끝나는대로 면회를 갈테니 꿋꿋하게 기다려 줄 것을 부탁하며엄마가 많이 사랑하고 있다는 내용이었다. 아들은 자신을 위해 한걸음에 달려와 준 엄마의 편지글을 읽고 덜 외로웠을 것이다.

다음날인 월요일 아침 시간을 바쁘게 보내고 한숨 돌리고 있는데 직원이 사내 게시판에 나를 칭찬하는 글이 올라왔다고 알려주었다. 휴일에 전화했던 어머니가 도움 받은 것을 고마워하며 나를 칭찬한 것이었다. 이 또한 나의 승진에 도움이 된 것 같다.

남을 돕는 것이 나를 돕는 것이다. 대가를 바라고 한 것은 아니지만 다른 사람을 배려한 것이 나에게 오히려 도움이 된 것이다. TV에 나오는 각종 사건사고들을 보면 가슴이 답답하고 힘겹다.

170

그러나 세상에는 그런 안 좋은 일과 남에게 해를 끼치는 나쁜 사람보다 선량한 사람이 훨씬 많다.

한 방울의 오염된 물을 정화하려면 일만 배의 맑은 물이 필요하다고 한다. 우리가 살아가는 세상을 더럽히는 오염된 물이 있지만 그보다 훨씬 많은 맑은 물 때문에 숨을 쉬고 살아갈 수 있다. 오늘도 나는 세상을 정화시키는 한 방울의 물이 되기 위해 노력하는 하루를 살아간다.

나의 성장을 도왔던 분들에게 감사한다

내가 살아온 삶이 힘들다고만 생각했다. 그런데 어려웠던 순간마다 나를 도왔던 사람들이 있었다. 오늘의 내가 있기까지는 그분들의 도움이 컸다.

1. 나를 따뜻하게 보살펴 주신 주일학교 선생님

어머니가 돌아가신 후 우울하고 의기소침한 어린 시절을 보내고 있을 때 나를 따뜻하게 대해주셨던 주일학교 선생님을 기억한다. 나는 기독교 모태신앙이다. 돌아가신 어머니는 독실한 신자셨다. 어렸을 때 아파서 유치원이나 학교는 결석해도 교회는 어머니의 등에 업혀서라도 꼭 가야했다.

어머니의 장례식은 교회에서 했고 시골의 선산에 어머니를 묻을때도 목사님이 장지까지 동행하셨다. 관 위에 성경책을 놓아둔 뒤흙을 덮던 모습을 기억한다. 관이 놓인 구덩이 위에 흙이 떨어질때 어머니가 숨이 막힐까봐 삽을 든 어른의 손을 꽉 잡고 흙을 못넣게 해서 잠시 실랑이가 벌어지기도 했다. 죽으면 숨을 쉬지 않는데 어렸던 나는 관 속에 누워있는 어머니가 숨을 쉬고 있을 거라고 생각했다.

교회는 나의 성장에 많은 도움을 주었다. 주일학교 선생님은 예배가 끝나면 나를 데리고 영화도 보여주고 맛있는 것도 사주셨다. 학교생활은 어떤지, 장래 꿈은 무엇인지 물으시며 나의 생활이 어떤지 살펴주셨다. 나는 이모같이 다정 한 주일학교 선생님과 일요일 오후를 행복하게 보내곤했다.

주일학교 선생님들은 대개 20대의 젊은 분들이었는데 직장을 다니며 봉사로 교사일을 했다. 내가 어렸을 때는 토요일도 늦게까지 일하는 직장이 많았다. 주일학교 선생님들은 직장 다니느라 한 주동안 고단했던 몸을 쉬어야 할 텐데 휴일인 일요일에 오전에는 교사로 봉사하고 오후는 나를 위해 시간을 내주셨다. 지금 생각하면 쉽지 않은 일이다. 선생님은 남자아이들을 제치고 여자인 나에게 크리스마스이브에 하는 연극에서 예수님의 역할을 할 수 있는 기회도 주셨다. 선생님의 특별한 사랑과 관심 속에 나는 건강한 아동기와 청소년기를 보낼 수 있었다.

2. 학창시절 다정했던 선생님들

학교에서는 선생님들의 사랑을 듬뿍 받았다. 요새는 학교 선생님을 예전처럼 존경하거나 어려워하지 않는 사람들이 많다. 그러나 내가 자랄 때만 해도 선생님은 학부모들에게 절대적인 존경의 대상이었다. 개인차는 있겠지만 내 기억 속의 선생님들은 아이들을 위해 헌신하고, 어려운 아이들에게는 부모에게 받지 못한 부족한 사랑을 채워주기 위해 애쓰셨다.

예민해서 배앓이를 많이 했던 나에게 엄마처럼 따뜻한 손으로 배를 문질러 주시던 선생님, 청소시간에 자주 나를 불러서 잘 지내고 있는지 어려움은 없는지 물어봐주시던 선생님들의 따뜻한 사랑을 나는 아직도 기억한다.

어떤 사람들은 여자 선생님의 비율이 너무 많아서 걱정을 한다. 하지만 나는 아이들에게 엄마 같은 역할을 할 수 있는 여자선생님들이 많이 계시는 것이 좋다고 생각한다. 엄마처럼 아이들을 사랑해주고 섬세하고 따뜻하게 보살펴주는 것은 아이의 성장에 많은 도움이 된다. 나도 그런 선생님들의 보살핌 덕분에 잘 성장할 수 있었다. 나를 잘 보살펴주셨던 선생님들은 지금은 80세 가까이 되셨을 것이다. 어디서 어떻게 지내시는지, 코로나19 시기에 건강은 어떠신지 걱정이 된다.

선생님들이 그립다.

3. 나를 도와준 매표소 언니

기억에 남는 고마운 분중에 내가 중학교 때 만난 시외버스 정류장 매표소 언니가 있다.

나는 중학교 때 가출을 한 적이 있다. 밤거리를 하염없이 걷다보니 시골 근교의 시외버스 정류장이 나왔다. 충동적인 가출이라 주머니에는 땡전한 푼 없었다. 봄이었지만 입은 옷 그대로 몸만 나왔다. 밤이 깊어지자 몹시추웠다. 몸을 웅크리고 버스 정류장에 서있었다.

막차가 출발한 뒤 매표소 불을 끄고 나온 언니는 숙소로 가던 길을 돌아서 다시 내게로 다가왔다. 어두운데 혼자 서있는 어린 여학생이 신경이 쓰였던 모양이다. 언니는 시골에서 초등학교를 마치고 돈을 벌기 위해 상경하여 버스 안내양을 하다가 매표소 일을 하게 되었다고 했다. 그날 밤 판자를 얼기설기 붙여서 만든 가건물로 된 작은 방에 나를 데려가서 재워주었다.

매표소 일을 하다보면 많은 사람을 만나는데 경험상 첫 눈에 내가 가출한 것을 알았다고 했다. 집으로 돌아가겠거니 하며 표를 파는 내내 나를 유심히 봤는데 가지 않겠구나 싶었고 불량 청소년처럼 보이지는 않아서 보호해주고 싶었단다.

언니 방에서 석유곤로 위에 찌그러진 양은냄비를 올려서 끓인 라면을 먹으며 허기를 달랬다. 무작정 나오느라 저녁을 굶었지만 라면 끓는 냄새가 나기 전까지는 배고픈 줄도 몰랐다. 라면을 먹고 언니의 작은 일인용 요에 함께 누워 이런 저런 이야기를 했다. 새벽부터 밤늦게까지 좁은 매표박스에서 일하느라 고단했을 텐데 나에게 많은 이야기를 해 주었다.

무슨 사정이 있는지 몰라도 다음날 새벽에 집에 들어가라고 타일렀다. 자신은 초등학교밖에 못 나와서 할 수 있는 일도 많지 않고 아무리 열심히 일해도 살기가 팍팍하다고 했다. 나는 아직 가능성이 있으니 참고 공부해서 고등학교 졸업하고 어른이 되면 독립하라고 했다.

언니의 말을 듣다가 잠이 든 나는 빈 집에서 깼다. 언니는 새벽에 일하러 나가고 없었다. 머리맡에 작은 상이 보자기로 덮여있었다. 보자기를 걷으니 보리밥과 김치, 콩나물국이 정갈하게 차려져 있었다. 그리고 메모가 있었다. 밥을 다 먹고 문을 잘 잠근 뒤에 열쇠는 매표소로 가져다 달라고 쓰여 있었다.

울컥 눈물이 났다. 얼굴 한번 본적 없는 남인데 도움을 준 것이 고마웠다. 그렇게 나의 가출은 무사히 끝났다. 내가 아무리 모범생이었더라도 가출을 하면 정학을 받는 시대였다. 밤에 나갔다가 새벽에 들어가서 교복을 입고 아무일 없었다는 듯이 등교했다. 나는 이전보다 더 성숙하고 어른스러워져 있었다. 이름도 모르는 그 언니의 친절에 깊은 고마움을 느낀다.

4. 봉사와 헌신을 가르쳐 주신 야학 교장선생님

내가 대학교 3학년 겨울방학부터 졸업 후 몇 달 동안 봉사하던 야학의 교장 선생님은 유복한 집안에 S대를 졸업한 분이었다. 선생님은 사비를 들여 건물을 임대해 교실을 만들었다. 낮에는 공장에 다니고 야간에 공부하려는 학생들을 도우려고 애쓰는 모습에 큰 감동을 받았다. 선생님은 그 일을 하지 않았으면 부유하고 안정된 환경에서 비슷한 수준의 배필과 결혼하고 순탄하게 살 수 있었다. 그런데 그 모든 걸 떨치고 함께 학생운동 하던 분과 집안의 반대를 무릅쓰고 결혼했다. 부부라기보다는 동지처럼 보였다.

나는 교사로 학교의 운영에 관여하지 않아서 잘은 몰랐지만 야학을 운영하는 것은 쉽지 않은 일이었다. 야학은 학생들에게 학비를 받지 않고 무료로 운영했다. 교사들도 자원봉사로 일하긴 했지만 교재 구입과 건물 월세, 필요한 집기 들을 사고 난방비와 각 종 공과금을 내려면 돈이 많이 들었을 것이다. 그 모든 것을 선생님은 친정에 손을 벌려해결하고 모금이나 후원을 받아서 충당했다. 모금을 위해서 내가 다니던 학교에도 갔었는데 그때 용돈을 털어서 기부해준 과 친구들의 고마움을 아직 기억하고 있다. 세상은 그렇게 많은 사람의 봉사와 헌신으로 돌아가고 있었다.

나에게 봉사와 헌신의 가치를 가르쳐 주고, 참여할 수 있는 기회를 주신 선생님께 감사드린다.

5. 생명의 은인이 되어준 컴퓨터 과외 학생

대학교 3학년 겨울방학부터 야학을 했던 나는 전공 공부와 취업준비, 아르바이트로 바쁘고 고단한 생활을 했다. 집에 있는 것이 불편해서 입주 과외를 했다. 전자제품 대리점을 하는 부부와 식당을 하는 부부의 아이들을 돌보며 공부를 가르치며 학교를 다녔다. 졸업 전에 취업이 되었지만 집에 들어가지 않고 입주 과외는 계속 했다. 취직이 된 후에는 후임이 구해질 때까지만 야학 교사일을 하기로 했는데 좀처럼 구해지지 않았다.

3교대로 일하는 공장근로자를 위한 야학은 평일에 공부할 수 없는 학생들을 위해 주말 반까지 개설했다. 내가 다니던 야학은 낮에는 각자의 생활을 하고 밤에 봉사로 교사를 하는 학생과 직장인으로 운영되었다. 전임 교사는 교장선생님 뿐이었다. 종종 사정이 있어서 펑크를 내는 교사가 있었다. 그러면 내가 대신 수업을 했다. 처음에는 수학 담당이었는데 펑크 내는 교사의 시간을 대체하다보니 영어와 국어, 사회와 윤리까지 가르치게 되었다.

내가 다니던 회사 사장은 학생 운동을 했던 사람이었고 야학 활동을 이해해주었다. 그래도 업무에 지장을 주면 안돼서 프로젝트 마감으로 바쁠 때면 야학 수업이 끝난 후 다시 회사에 와서 밤 세워 일을 하는 생활이 이어졌다.

　　부실한 식사와 과로를 견디지 못하고 결국 쓰러졌다. 어쩔 수 없이 야학을 그만두고 다니던 직장도 정리했다. 회사도 어려웠기 때문에 사장님은 병가나 휴직을 주지 못하는 것을 안타까워했다. 집에서 경제적 지원을 받지 못했던 나는 직장 다니며 저축했던 돈을 병원비로 다 썼다. 이대로 죽는가 싶었다. 삶에 대한 즐거움이나 집착이 없었기 때문에 죽는 것이 두렵거나 짧은 생을 마감하는 것이 아쉽지는 않았다.

　　취업 전에 컴퓨터 과외를 했는데 내가 가르쳤던 학생 중 한 분이 우연히 나의 상황을 알게 되었다. 그분은 약사와 의사 형제를 두었다. 내 사정을 딱하게 생각했던 그분은 대체의학을 연구하던 남동생과 약사였던 올케의 도움을 받아 내 병의 치료를 지원해주었다. 체력이 안 되어 버스를 탈 수 없었던 나를 위해 택시를 대절하여 동생분이 계시는 곳까지 먼 거리를 데려가 주었다. 게다가 형편이 어려운 나를 위해 최소한의 실비에도 미치지 못하는금액으로 완치될 때까지 1년 넘게 약을 먹을 수 있게 해주었다. 피 한 방울 섞이지 않은 남이고 3개월 남짓 컴퓨터 과외로 맺어진인연이 전부였던 나에게 평생 잊지 못할 은혜를 베풀어 주었다. 생명의 은인이었다.

　　그분은 나를 위해 진달래색 고운 빛깔의 털실로 따뜻한 스웨터도 떠주었다. 나는 그 옷을 30년 넘게 입고 다녔다. 소매와 단이 떨어져서 올이 풀리면 꿰매서 입었다. 그 스웨터는 내가 존중받고 사랑받았던 따뜻한 추억이었다. 추운 날씨에 몸 뿐 아니라시린 나의 가슴도 포근하게 감싸주는 치유의 옷이었다. 베푼 은혜는 강물에 흘러 보내고 받았던 고마움은 돌에 새기라는 말이 있다. 연락 못 한지 몇 년이 지났다. 감사한 마음을 담아 안부 전화라도 드려봐야겠다.

6. 세상에는 좋은 분들이 넘쳐난다

지금의 내가 있기까지 많은 분들의 도움이 있었다. 그들은 힘없고 보잘 것 없는 내가 세상을 살아갈 수 있도록 해준 분들이다. 평범한 분들이지만 내가 세상을 향해 나아갈 수 있는 징검다리 역할을 해 준 위대한 영웅이고 거인이었다. 나는 그분들의 어깨 위에 올라앉아 지금 이 자리까지 올 수 있었다.

비대면 영상 회의와 수업을 통해 긍정적이고 자신감을 불어넣어주는 분들을 알게 되었다. 박현근 코치와 이은대 선생님, 강규형 대표님과 이재덕 코치님, 홍지숙 마스터님과 정인균 멘토님, 김형환 교수님과 이용규 코치님, 김형숙 코치님의 선한 영향을 통해 내 안의 잠재력을 끌어내고 긍정적인 사고를 하게 되었다. 세상이 살 가치가 있다는 것을 날마다 깨달아 가고 있다.

내가 청소년기와 젊은 시절 조금만 더 긍정적이었으면 어땠을까? 나는 지금보다 훨씬 더 성공한 사람이 되어 있을 것이다. 아쉽다. 하지만 아직 늦지 않았다. 앞으로도 살아갈 날들이 많다. 지금의 나는 내 남은 생애를 통해 제일 젊고 가장 활기차다.

나는 크고 작은 거인들의 어깨를 타고 앞으로 나아가고 있다. 이제 그분들의 어깨를 뛰어넘어 나처럼 어려움을 겪은 아이들과 청소년들, 그들을 양육하는데 힘겨워하는 부모들에게 나의 어깨를 빌려주고 싶다. 내 도움이 필요한 사람에게 더 크고 넉넉한 어깨를 내어주기 위해 열심히 공부하고 성장할 것이다.

나는 행복한 사람이다. 나는 나를 사랑한다. 나는 날마다 성장할 것이다.

CHAPTER 7

성공하는
독서모임에도
공식이 있다

서성미

자기경영 교육과 코칭을 통해 성공을 돕는 셰르파코치 서성미입니다.
12살, 10살, 8살 세 딸을 키우며 16년 차 제약회사 제제개발팀 책임연구원으로
근무하고 있는 워킹맘입니다.
3P자기경영연구소 셀프리더십 마스터 코치이자 독서 리더로 다양한 독서모임을
운영하고 있습니다.
한국정리수납협회 정리수납 강사로 한국코치협회 KPC 인증 코치로 활동하고
있습니다.
다양한 온/오프 독서 모임을 통해 성장공동체를 확산시키길 원하는 리더이자 코
치입니다.

- 마이다스북 카페
  https://cafe.naver.com/midasnabi
- 체인지UP스쿨 블로그
  https://blog.naver.com/chuzubi

CONTENTS

Reader는 Leader다

"독서 모임 어떻게 시작하면 좋을까요?"

제가 가장 많이 듣는 질문 Top 3중 하나입니다.

2020년 코로나 범유행을 맞기 몇 달 전 오프라인으로 진행하던 독서 모임에서 도전적인 목표를 세웠습니다. 바로 온라인 독서 모임을 진행하는 것입니다.

2017년 3P자기경영연구소 셀프리더십 마스터코치 과정과 독서 리더 과정을 수료한 동기들과 함께 배운 것으로 만족하지 말고 계속해서 익히고 성장해 나가는 뜻을 담아 "마이다스나비" 모임을 만들었습니다. 여기서 나비는 '나로부터 비롯되는'의 줄임말입니다. 단순한 독서 모임으로 시작하여 목표설정과 피드백 워크숍을 겸비한 "마이다스 Book & Binder"로 업그레이드하여 2019년부터 시즌 2를 이어오고 있습니다.

8명으로 시작한 모임은 멤버 모두 본업이 있고 가정도 있어 모임 시간을 맞추는 것부터 어려움이 있었습니다. 최종적으로 합의한 시간이 토요일 새벽 6시입니다. 경기 남부~경기 북부까지 사는 지역도 다양했습니다. 감사하게도 중심이 되는 서울 송파동에 토요일 새벽 6시 모일 수 있는 장소가 마련되었습니다. 모임 멤버가 운영하는 뷰티숍 세미나실에서 시작했습니다.

자기경영 & 독서경영을 통해 리더로 성장하고 성숙해 질 수 있습니다. 책과 바인더는 훌륭한 훈련도구입니다. 연간목표를 세우고 분기/월간/주간 단위로 목표를 세분화 시켰습니다. 2주에 한 번씩 진행사항 나눔을 통해 목표를 재점검하는 시간을 가졌습니다. 분기별로 독서 컨셉을 정하고 지정도서를 선정해 함께 읽고 깨닫고 적용할 점을 나눴습니다. 적용아이디어를 나누며 토론을 통해 지금의 조건에서 바로 시작할 수 있는 것들을 실행에 옮겼습니다. 실행에 옮긴 결과와 소감을 나누는 시간도 가졌습니다. 타인의 경험을 통해 통찰을 얻을 수 있는 귀한 시간이었습니다.

'너무 좋은 모임인데… 회원모집이 안 되네'

분기별로 함께 할 신입회원을 모집하는데 지원하는 사람이 없었습니다.

문의 전화는 왔지만, 홍보 포스터 속에 있는 토요일 AM6~9시라는 시간이 PM인데 '잘못 적힌 거겠지?' 생각하고 문의 온 게 다였습니다. 좋은 모임이 영향력의 확장성에 제한이 있다는 것을 실감하고 전략을 오프라인에서 온라인으로 수정했습니다.

독서 모임 멤버가 8명, 한 주씩 돌아가며 한 권의 책을 읽고 30분 강의를 맡아서 매주 자기계발 강의를 진행하는 온라인 플랫폼을 만들어 보자는 의견이었습니다. 가장 수혜를 입을 사람은 매주 참여하고 강의를 맡게 될 우리가 될 것이라는 생각으로 회원들의 동의를 얻고 "마이다스북"이라는 오픈채팅방을 개설하고 가까운 지인들에게 소개하고 참여를 독려했습니다.

코로나 시기 매주 온라인으로 그것도 무료로 다양한 분야의 공부를 할 수 있는 '마이다스북의 게릴라 미니특강'은 반응이 폭발적이었습니다.

시작한지 6개월 만에 1,000명의 회원이 가입한 오픈채팅방으로 성장했고, 매주 8명의 운영진의 강의 순서가 돌아오기도 전에 재능기부 강사님이 줄을 서서 대기하는 강연플랫폼으로 성장했습니다.

독서 모임을 시작하기에 앞서 걱정되고 불안한 마음도 있었습니다. 시작은 미약할 수 있습니다. 아는 지인들과 혹은 친한 한 명과 시작하는 독서 모임이 될 수도 있습니다. 규모에 집중 할 것이 아니라 질적인 성장과 성숙을 위해 소수라도 오래도록 함께할 지식공동체라고 생각해보면 어떨까요? 관심 분야의 책을 읽고 깨달음과 적용아이디어를 나누고 실행에 옮긴 뒤 얻게 된 성찰내용을 나눈다는 것만큼 실제적이고 진정성 있는 영향력이 없다고 생각합니다.

독서 모임을 어떻게 시작하느냐는 말에 대한 저의 대답은 "관심주제를 정하고 함께 하고 싶은 분께 제안해서 2명이라도 시작해 보세요. 거절이 두렵고 제안하기가 꺼려진다면 내가 나를 데리고 독서모임을 먼저 시작해 보세요"입니다.

한 권의 책을 읽고 소감과 적용해서 얻은 깨달음을 SNS에 기록하고 공유하는 과정에서 자연스럽게 함께 하고 싶은 사람을 모아갈 수 있으니 혼자라도 시작해 보시길 권해드립니다.

누군가의 경험과 깨달음을 한 권의 잘 정리된 책으로 만날 수 있다는 건 한 사람의 인생을 만나는 경험입니다. 혼자 읽어도 너무 좋겠지만 이왕이면 다양한 관점으로 시야도 넓히고 창의적인 문제해결 힌트도 얻을 수 있다면 안 할 이유가 없겠지요?

경영자는 문제해결자입니다. 가성비 좋은 독서 경영으로 내 삶의 Leader가 되시길 간절히 바라봅니다.

Exercise 훈련을 통해 습득할 수 있다

첫째, 둘째 딸아이를 출산하고 90일간의 출산휴가를 끝으로 바로 복직을 했습니다. 지금이야 아빠들도 과감하게 육아휴직을 쓰겠노라 선포하고 실행에 옮기는 사람을 볼 수 있는 상황이지만 제가 출산하고 육아하던 시절에는 감히 상상도 할 수 없었던 일들입니다. 남편도 육아와 살림에 도움을 줬지만 제가 감당해야 할 몫이 더 많았던 그 시절 저는 시간 거지, 체력 거지, 열정 거지였습니다.

지금은 시어머님께서 세 아이 육아와 살림을 도와주셔서 사회생활도 하고 강의나 교육 등 회사일 외에 하고 싶은 일들도 마음껏 펼칠 수 있습니다. 막내딸이 태어나고 육아휴직 1년을 갖고 복직하기 며칠 전 목포에 살고 계신 어머님께서 안산으로 상경하는 결단을 하셨습니다.

어머님의 육아 지원 덕분에 강의를 들으러 퇴근 후 서울에 오갈 수 있었고 처음으로 독서 모임이라는 것을 만들 생각도 할 수 있었습니다. 독서 모임 운영방법을 잘 알아서, 홍보와 모객에 자신이 있어서, 여러 사람을 데리고 모임을 이끌고 진행하는 것이 능숙해서 시작한 게 아니었습니다. 사실은 너무 몰랐기에 무식하고 용감하게 할 수 있었습니다. 간절함 하나로 시작했습니다.

젊은 자수성가형 부자를 꿈꾸는 같은 목적을 가진 사람들과 함께 책을 통해 생각의 크기를 키우고 서로의 꿈을 응원하고 지지하고 실행력을 키워 나가고 싶었습니다. 간절히 원하면 기회를 만들어 갈 수 있다는 것을 경험했습니다.

안산시에는 동네마다 지역 거점 길거리학습관이 있습니다. 커피숍이나 공방, 교회 교육관 등 소그룹 스터디가 가능하도록 장소를 제공해 주는 곳입니다. 길거리학습관에 삼삼오오 수강을 원하는 수강생이 있으면 평생학습관에서 강사님을 파견 보내어 학습을 돕는 지원정책입니다. 저는 안산역 반월공단 근처 길거리학습관으로 등록된 커피숍에서 정리수납 강의를 진행한 적이 있습니다. 커피숍 사장님께서 독서 모임을 운영하면 참여할 의사가 있다는 손님들이 계셔서 독서 모임을 한번 맡아 주시면 어떻겠냐고 먼저 제안해 주셨습니다.

"기회다"라는 생각이 번쩍 들어 독서 모임 회원모집 포스터를 작성해서 커피숍 한 편에 부착하고 개인적으로 블로그에 회원모집 글을 올렸습니다.

2개 홍보 루트를 통해 모집된 회원은 6명이었습니다.

한 달에 2번씩 커피숍에서 모이는 독서 모임입니다. 참가 조건을 5가지로 제한해 두었더니 첫날 오리엔테이션과 성격유형 테스트를 진행했는데 대부분 저와 비슷한 성격유형을 가졌습니다. 대부분 아이디어와 액션형.

우리는 금방 공감대가 형성되어 앞으로 함께 읽고 나눌 지정도서를 정하고 진행방식을 논의하고 결정했습니다.

시작하기에앞서 설렘도 있었지만, 걱정과 두려움도 있었습니다. 내가 하는 방식이 정말 최선일까? 회원들이 만족할까? 원하는 성장과 성숙을 이뤄갈 수 있을까? 이런 염려가 있었습니다. 다행히 믿는 구석은 이미 2009년부터 독서 모임을 통해 기적을 만들어 가는 독서포럼 "양재나비"에서 보고 듣고 경험해 본 바가 있다는 것과 언제든 도움을 요청하면 제 고민을 함께 나눠줄 선배님들이 계신다는 것입니다.

독서모임을 하고 싶지만 무엇부터 해야할지 모르겠다는 분들을 만나면 벤치마킹 해보시길 권해드립니다. 직접 참석해서 전반적인 진행방식(신입회원 응대 및 교육, 회비관리, 운영규칙, 독서 모임의 문화 등)을 꼼꼼히 살펴보고 좋은 것부터 모방해 보길 추천 드립니다. 저는 양재나비와 봄들애인문고전연구소(인천 송도)에서 진행하는 독서모임, 책소풍을 진행하는 여우샘 독서논술 수업을 들으며 책 뿐 아니라 보드게임, 역사, 과학, 인물로 함께 나누는 운영방식을 배울 수 있었습니다. 1인기업 실전경영 김형환 교수님께서 운영하는 독서모임, 1인기업 전도사 최서연 코치님이 진행하는 독서 모임 등 다른 모임 참석을 통해 본받을 점을 발견했습니다.

"시작이 반이다"라는 말이 있습니다. 바꿔 말하면 '반이 차야 시작한다"는 의미로 볼 수 있습니다. 내가 운영하는 독서 모임에 대한 목적과 목표와 운영방식에 대한 밑그림을 그려보고 시작해 보시길 바라봅니다.

경영자는 문제해결자입니다. 독서 모임을 통해 크고 작은 문제를 해결해 나가는 동안 성장하고 성숙해진 나를 만날 수 있습니다. 혼자가 아닌 집단지성의 힘으로 풀어나가는 재미 또한 맛볼 수 있답니다.

Action 베이스캠프를 가져라

해마다 그해 집중하고 싶은 단어, 선택에 있어 길라잡이가 되어줄 원워드를 뽑는 워크숍을 혼자 혹은 독서 모임 회원과 진행하고 있습니다. 2021년을 시작하며 뽑았던 원워드는 "meaning(의미)"였습니다. 일어난 사건에 대한 의미를 생각한 뒤 나의 태도와 생각과 감정을 정리해보고 싶다는 이유로 선택하게 되었습니다. 2020년 코칭을 배우게 되면서 의미, 본질, Being을 다루게 된 것도 한몫을 했습니다.

나의 경험과 지식과 정보가 누군가에게 위로와 공감과 용기를 불어넣어 줄 수 있는 삶이 메신저의 삶이라 생각합니다. 첫 번째 책《체인지UP 하라》출간 후 가장 큰 선물이 나에게 일어난 일들을 객관적으로 볼 수 있게 되었다는 점입니다. 암흑과 같았던 상황과 문제 속에 갇혀 있을 때 볼 수 없었던 부분을 한 발자국 떨어져서 볼 수 있게 되었습니다.

결혼하고 나니 잘 먹고 잘살고 싶단 욕심에 눈이 멀어 모르는 분야임에도 불구하고 도사 환상에 빠져 무리한 투자로 돈도 신뢰도 잃어 봤습니다. 나 자신이 너무 바보 같고 한심해서 자책하고 다 내려놓고 싶단 생각도 했습니다. 그때 상식선에서 생각할 수 있는 마음의 여유가 있었다면, 살면서 추구하고 싶은 가치 실현의 방향, 비전과 소명이 있었다면 상식에도 맞지 않는 어리석은 투기를 하지 않았을 것입니다.

지금도 크고 작은 갈등상황과 현명한 선택을 해야 하는 상황에 놓일 때가 있습니다. 끊임없이 나를 담금질하며 훈련해야 하는 부분도 있습니다. 끝까지 나를 믿어주고 응원해주고 지지해주는 사람이 있다면 결정하고 행동하기에 부담을 조금은 내려놓을 수 있습니다. 힘든 일이 있고 난 뒤, 감사의 렌즈로 일어난 일과 살아갈 날들을 들여다봤습니다. 감사할 일이 너무나 많았고 나의 실수를 받아들이니 그때부터 다시 출발선에 서게 된 기분이었습니다.

알게 된 정보, 거기에 실행 후 얻게 된 성찰이 가치를 발하는 시대를 살고 있습니다. 이런 경험자산을 통해 비슷한 문제로 고민하는 분들에게 나만의 독특한 문제해결 방법으로 도움을 줄 수 있다면 그것이 나의 브랜드 파워가 되고 가치에 값어치가 더하는 일이라 생각합니다.

액션베이스캠프로 독서 모임이 최고입니다. 나의 경험뿐 아니라 다른 사람의 간접경험까지 더해져 시간의 축적과 함께 더욱더 풍성한 지혜를 얻게 될 것입니다. 2017년 첫 독서 모임 리더로 본업 외에 하고 싶은 일들을 하나씩 도전해왔던 것이 누적되니 한 권의 책으로 강의안으로 훈련프로그램으로 자본주의 시장에서 거래가 가능한 유형의 것으로 탄생했습니다.

독서 모임을 R&D 연구소삼아 하고 싶은 일을 테스트 해 볼 수 있었습니다. 제가 미처 발견하지 못한 문제점을 찾아주고 아이디어까지 얻을 수 있었습니다. 경험을 쌓고 나를 증명하는 과정을 통해 제가 품고 있는 가치의 씨앗들을 심을 수 있었습니다. 나의 나무에도 열매가 맺히고, 타인의 나무에도 열매를 맺게 하는 행복한 삶을 누리고 있습니다.

1인 기업가, 지식 창업가, 메신저의 길이 외롭고 때론 지칠 때도 있을 것입니다. 하지만 혼자서 이룰 수 없는 일을 함께 이뤄나가는 동료가 있다면 지치지 않고 멀리 갈 수 있다 생각합니다. 원하는 나의 삶을 살아가기 위해 부지런히 심고 가꾸고 거두고 나누는 일을 멈추지 않길 원합니다. 베이스캠프(독서모임)를 두고 있다고 생각하면 조금은 과감하게 한 걸음씩 전진할 수 있습니다.

메신저 프로젝트를 가동한 뒤에 꼭 의미를 되짚어보고 이 일을 통해 얻고자 했던 것, 실제로 얻은 것, 잘한 점, 개선이 필요한 점, 다음에 한다면 적용해 보고 싶은 점을 꼭 점검하고 기록해 두는 셀프피드백도 잊지 마세요.

Dream 마스터코치가 되다

꿈 리스트, 드림보드, 비전보드, 보물지도 이름은 틀리지만, 본질적으로 이루고 싶은 나의 소원이 담겨있습니다. 제가 처음 작성한 꿈 리스트는 2014년에 스프링노트에 적은 꿈 리스트입니다. 선한 부자 프로젝트라는 이름으로 짠돌이 재테크 수기 공모에 당선된 김유라 작가님께서 블로그 1기 스터디 반을 모집했습니다. 평소 짠돌이 카페 절약, 투자노하우 게시글을 챙겨 봐왔던 터라 좋은 기회인 것 같아 바로 신청을 했습니다. 김유라 작가님은 아들 셋, 저는 딸 셋 키우는 다둥맘이라 공감대 형성되는 부분이 많았습니다.

스터디 모임의 첫 미션이 꿈 리스트 작성이었습니다. 제가 간절히 바라는 소원 첫 줄에 "세 아이와 집안 살림을 믿고 맡길 수 있는 이모님"이라고 썼습니다. 정말 간절했습니다. 그리고 몇 가지 리스트를 더 썼지만, 그 당시 제 상황으로 본다면 첫 번째 소원이 이루어져야 나머지가 이뤄질 수 있는 것이었습니다. 볼링핀에 비유하자면 저의 첫 번째 소원이 센터 핀 혹은 킹 핀에 해당하는 것이었습니다. 2015년 육아휴직이 끝나고 복직을 앞두고 도

저히 육아, 살림, 회사 일까지 해낼 용기가 나지 않았습니다. 경제적인 대책 마련도 없이 세 아이 양육을 위해 회사를 그만두는 게 좋을 것 같다고 가족들에게 제 뜻을 전했습니다. 목포에 계신 어머님께서 결단하시고 양육을 도울 테니 직장생활을 계속 이어보라고 권면해 주셨습니다.

그 당시에는 살아 내는 게 벅차서 생각할 겨를이 없었지만 지금 와서 돌이켜 보면 저의 꿈 리스트 중 킹 핀이 이뤄진 순간이었습니다. 같은 기독교 신앙을 가지고 저녁 식사 후에 아이들과 가정 예배를 드리는 생각 하지도 못한 믿음 훈련까지 어머님이 계셨기에 가능했습니다. 이후 자기 경영 교육 강사가 되고, 사내 강사, 작가, 독서 모임 리더, 코치의 꿈을 이룰 수 있었던 것은 간절히 원했던 것을 글로 쓰고, 입으로 말하고, 행동으로 옮겼기 때문입니다.

셀프리더십 강의를 할 때 첫 번째 워크숍으로 진행하는 것이 꿈 리스트 작성하기입니다. 우리가 행동으로 이어지는 패턴을 보면 마음에서 올라오는 갈망과 욕구에 기인할 때와 하지 않았을 때 오는 고통과 불편함이 싫어서 하게 될 때로 나눌 수 있습니다. 이왕이면 하고 싶어서 하는 게 좋지 않을까요?

내가 살면서 이루고 싶은 것들, 실현하고 싶은 가치의 열매들, 함께 기뻐하고 행복해할 사람들과 하고 싶은 일들을 기록하는 동안 행복한 표정을 짓습니다.

워크숍에 참석한 사람들의 꿈 리스트 발표 시간도 꼭 갖습니다. 다른 사람의 발표를 듣고 좋은 것을 추가할 수도 있고 청중효과로 언행일치하고

자 하는 마음을 더 강하게 먹을 수도 있습니다. 글로 쓰고 말로 선포했으니 이제 행동으로 옮기면 된답니다.

독서 모임에서 책 나눔뿐 아니라 꿈 리스트, 가치관선언문을 작성하고 연간계획과 월간계획을 함께 세우고, 피드백하는 시간도 갖습니다. 책을 통해 작가와 만나는 시간도 소중하지만, 함께 읽고 나누는 독서 모임 회원들의 소원성취 이야기, 꿈을 프로젝트로 만들어 진행하며 성찰하게 된 내용을 듣는 것도 엄청난 공부가 됩니다.

성공경험, 실패경험 모두 스토리의 힘이 있습니다. 함께 꿈을 설계하고 전략과 전술을 짜고, 연구원이 되어 실험하고 결과를 확인하는 여정 속에 독서 모임이 든든한 후원자가 될 수 있습니다.

살아온 대로 살아서는 기대를 뛰어넘는 삶은 예측하기 힘들 것입니다. 간절히 원하는 삶, 반대로 이렇게 살기 싫다는 삶에서 벗어나기 위해서는 변화가 필요합니다. 기존의 방식에서 조금의 개선이 아닌 창의적인 문제해결 아이디어가 필요합니다. 그 시작은 내가 살고 싶은 모습을 명확하게 정의해 보는 것에서 시작합니다. 꿈 리스트를 작성하고 말과 글과 행동으로 이룰 때까지 지속해 나가길 응원합니다.

Emotion 마음으로 소통하자

"지금 그 침묵의 의미는 무엇인가요?"

"방금 말씀 꺼내기 전에 깊은 한숨을 쉬셨는데 어떤 의미인가요?"

"고민하는 그 일을 하게 된다면 삶에 어떤 변화가 있을까요?"

입으로 뱉어지는 언어 외에도 침묵도 언어가 될 수 있고, 표정도 언어가 될 수 있습니다. 독서 모임에서 책 나눔을 할 때 놓치지 않고 표정, 감정, 눈빛, 태도를 읽고 의미를 물어봅니다. 책 내용을 나눌 때보다 경험한 스토리를 나눌 때 독서 모임 참여자들의 울림이 더 컸다는 것을 경험적으로 알았습니다.

열정으로 시작한 초창기 독서 모임에서는 부족하지만 하나라도 더 알려주고 전달해 주고, 경험시켜드리려고 회원님들이 이야기할 시간이 부족했습니다. 제 이야기를 많이 했습니다. 아무리 좋은 내용도 마음에서 마음으로 전달되지 않으면 그 메시지는 휘발되어버리고 어떨 땐 잔소리로 전달된다는 것을 저도 반대 입장이 되어보니 알 수 있었습니다.

다양한 형식으로 모임을 진행할 수 있습니다. 필요에 따라 레고 조립처럼 모듈화해서 다양하게 활동하는 것이 의미 이전에 재미를 추구하는 저의 가치실현 방향이기도 합니다. 열 띤 찬반 토론을 할 때도 있고 책 내용을 잘 요약해서 강의 형태로 압축 특강을 할 때도 있습니다. 때로는 야외에서 맛있는 식사와 함께 이야기를 나눌 때도 있습니다. 독서 모임 멤버들과 게스트를 초대해서 그분의 노하우를 배우고 인터뷰를 진행할 때도 있고 우리가 게스트분의 사업장을 찾아가 현장에서 인터뷰를 진행할 때도 있었습니다. 앞으로 여행과 스포츠 활동, 문화 활동도 함께하며 나누고 싶은 목표도 있습니다.

일상에서 일어난 일들, 프로젝트 진행 사항, 지정 도서 혹은 자유 도서 나눔을 할 때 정보전달자, 지식전달자로 끝나는 것이 아니라 마음으로 소통하는 것이 중요합니다. 다양한 성격의 독서모임을 운영하며 깨닫게 된 점입니다.

독서 모임을 통해 회원들과 함께 하고 싶은 것은 결국 내 삶의 주인공은 나이며 어떻게 살 것인지 스스로 선택하고 어떻게 하면 잘 할 수 있을지 고민하고 실행에 옮기고 의미를 발견하자는 것입니다.

학교에서 배운 지식으로는 어른이 되어 풀어나가야 할 과제를 해결하는 데 한계가 있습니다.

1) 나는 어떤 사람인가?
2) 나는 무엇을 잘 할 수 있을까?
3) 내가 실현하고 싶은 가치 있는 일은 무엇일까?

4) 그 일을 어떻게 하면 잘 할 수 있을까?

이런 문제를 이성적이고 합리적인 사고로 풀 게 되면 전략을 세우고 액션플랜을 세울 수 있어도 끝까지 해내는 힘이 부족하다는 것을 경험적으로 압니다. 놓치고 있는 부분이 있었습니다. 먼저 나 자신과 마음으로 소통하는 단계가 선행되어야 합니다. 《마음을 아는 자가 이긴다》(김상임, 쏭북스) 책에서 마음은 "생각, 감정, 갈망"의 3요소로 구성되어 있다고 말합니다. 외부 자극에 의해 느끼게 된 감정과 이 감정을 느끼게 된 생각, 어떻게 되길 원하는지에 대한 갈망까지 한 세트로 알아차려줘야 마음도 정리가 된다고 합니다.

타인과 마음으로 소통을 잘하기 위해선 내 마음부터 경청, 공감해주고 인정, 칭찬, 지지해 주는 것이 필요합니다. 이런 커뮤니케이션 훈련 역시 독서 모임을 통해 훈련할 수 있습니다. 마음으로 소통하는 연습, 오늘은 나에게 먼저 실습해 보지 않겠습니까?

Relationship 성장공동체를 이루자

"할~~ 수 있어요!"

독서 모임 멤버들과 나눔 하는 중간중간 넣는 추임새입니다. 실행 목표를 선포하고 꿈을 이야기할 때 꼭 이루기를 바라는 마음을 담아 두 손 불끈 쥐고 외치는 말입니다. 할 수 있다고 외쳐주는 나도, 그 말을 받는 대상도 함박 미소를 짓게 됩니다. 이렇게 격한 인정, 칭찬, 지지를 어디서 받아볼 수 있을까요? 남을 살리고 더불어 나를 살리는 한 마디가 아닌가 생각합니다.

불확실성 시대를 살아가는 우리에게 필요한 핵심역량은 개인의 창의적 문제 해결 능력, 협업능력, 커뮤니케이션 능력이라 생각합니다. 미래 핵심 역량을 키우는 훈련의 장으로 독서 모임만한 게 없는 것 같습니다. 저부터 직장인이면서 자기계발 강사로 작가로 코치로 활동하기까지 독서 모임 덕을 크게 봤습니다. 멤버들과 함께 한 콘텐츠 스터디와 마케팅 공부, 블로그 포스팅 챌린지도 도움이 되었습니다. 목표 수립과 피드백을 통한 개선 후 정진, 무엇보다 따뜻한 교감과 든든한 응원과 지지가 큰 힘이 되었습니다.

독서 모임 멤버와 "성격 자산"이라는 이름으로 에니어그램, TA 교류분석, 강점 분석 등 나를 알아가는 시간을 가졌습니다. 나의 기질에서 발휘될 수 있는 특장점을 파악한 뒤 강점에 집중하고 약점은 자각하고 개선하는 방식으로 전략을 세우기도 했습니다. 어른이 되어 만났지만 학창 시절 순수하게 감정을 나눈 친구보다 더 가까운 사이가 될 수밖에 없었습니다. 2주에 한 번씩 만나 속 이야기와 내 꿈, 목표, 추구하는 바를 끊임없이 이야기 나누었기에 가능한 일입니다.

프로페셔널 스튜던트라는 말을 들어 본 적 있으신가요?
Trend insight & Business creativity를 연구하는 '날카로운 상상연구소' 소장님이자 트렌드 분석가, 경영전략 컨설턴트인 김용섭 작가님 책 제목이기도 합니다.
프로페셔널 스튜던트는 어떤 변화와 위기에도 적응하고 살아남는 치열한 강자를 뜻합니다. 앞으로 살아남을 사람이라고 이야기합니다.

관심 분야의 책을 한 책에서 최소한 한 개 이상의 스토리를 뽑아서 참고 자료를 조사해 근거를 보충하고 나만의 언어로 재탄생 시켜나가면 나만의 콘텐츠가 쌓이게 됩니다. 누적해 나간다면 내가 세상에 던질 메시지의 컨셉을 만들 수 있습니다. 1인 기업가로 메신저 사업을 시작할 수 있습니다. 더 나아가 비즈니스를 통해 사명을 실현해 낼 수 있습니다. 또 혼자서 이룰 수 없는 일을 함께 이룰 수 있는 동료를 만나 좋아하는 일을 좋아하는 사람과 함께 할 수 있습니다.

독서 모임 회원들과 시작한 오픈채팅방 자기계발 강연플랫폼은 무료 미니게릴라 특강으로 시작해 유료 멤버십 서비스, 유료 컨셉 독서모임, 무료 미니특강 입문과정에 이어 심화과정 운영을 통한 수입채널들이 생겼습니다. 스몰비지니스를 본업과 함께 병행경력으로 운영해 본 소중한 경험자산입니다.

나의 정체성을 찾아 기여하고 싶은 분야를 결정하고 프로젝트로 나의 일관된 메시지를 전하는 모습을 축적해 성공 경험들을 쌓는 여정에 독서 모임과 멤버들이 큰 힘이 되어 줄 것입니다. 처음에는 참석할 만한 독서 모임이 있을까? 알아보고 도움을 받으며 시작하겠지만 가장 빠르게 성장하는 방법은 직접 운영하며 부딪혀 보는 겁니다. 1인 모임으로 시작해도 좋으니 나를 회원 겸 리더 겸 삼아 독서 모임 운영을 시작해 보는 건 어떨까요?

CHAPTER 8

나는
학교를 떠나
학교를 세웠다

윤서아

윤서아코치는 초등교사로 21년을 근무하고 교감으로 명예 퇴직한 자산관리 메신저이다. 600만원으로 아파트 갭투자를 시작해서, 최근에는 새 아파트 청약, 분양권, 지식산업센터, 상가, 토지까지 투자영역을 넓히고 있다. 30대 중반까지 부린이, 재린이로 살아온 '상거지 인생'을 어떻게 청산하게 되었는지 그 스토리를 블로그와 브런치에 올리고 있다.

2019년 부동산창업을 위해 배웠던 블로그 글쓰기가 계기가 되어 디지털노마드의 삶에 관심을 가지게 된다. 현재는 '재테크노마드창업스쿨(재노스쿨)'과 '딱조은마케팅' 회사를 만들어서 돈 잘 버는 노마드양성에 힘쓰고 있다.

부동산, 주식, 보험, 신용대출에 관한 재테크강좌와 컨설팅을 운영하고 있다. 클래스유에서 판매되고 있는 '3년안에 내집마련으로 10억만들기 강좌'는 스테디셀러 상품이다.

평생회원VVIP제도를 통해 평생고객 시스템을 마련하고 있다. 최근에는 1인기업 프로과정, 3P독서경영, '3P마스터과정, SNS마케팅고급과정 1급 등을 수료하면서 창업컨설팅부터 독서경영, 기업경영 분야에서도 활발히 활동 중이다.

- 투자경력
  부동산 30건 투자 및 보유
  부동산 매매차익 10억이상
  부동산 50억이상 자산 형성
  현재 서울수도권포함 아파트, 지식산업센터, 상가, 토지 보유
  연금계좌를 활용한 복리마법 주식투자

- 강사경력

  재테크는처음이지, 부동산은처음이지 외부기관 초청특강

  부동산컨설팅 및 자문, 주식연금컨설팅 및 자문

  재노스쿨, 1인창업셀러, 딱조은마케팅, 재노북스 대표

  VIP클럽(정기권회원), VVIP클럽(평생패밀리), 부동산월간스터디운영

  재독클럽, 재테크나비 멤버쉽 운영

  완판클럽, 제로창업 클럽제 운영

  zenoschool.net 운영{온라인컨텐츠판매}

- 학력 및 수상이력

  2021 데이터바우처 수요기업 선정

  2021 비대면바우처 수요기업 선정

  교육학박사/초등교사23년명퇴

  부총리겸 장관 및 교육감 표창 다수

- 자격증 및 수료증 이력

  대출상담사 등록교육 수료 (한국금융연수원)

  보험설계사(IFC 그룹 / 42개 모든 생명, 손해,자동차, 화재보험 등 설계 가능)

  SNS마케팅전문가1급 자격증 (한국산업인력진흥원)

  SNS마케팅전문가1급 수료 (한국인적자원진흥원)

  3P목표시간관리프로과정 수료 (3P자기경영연구소)

  3P셀프리더쉽 스쿨 코치과정 44기 수료 (3P자기경영연구소)

  3P독서경영 기본과정 수료 (3P자기경영연구소)

  1인기업프로 CEO 고급과정 17기 수료(한국경영리더십컨설팅)

  위시폰드 마케팅자동화 마스터과정 18기 수료 (한국스마트아카데미)

  씽크와이즈 강사과정 154기 수료 (ThinkWise아카데미)

- 작가주요 SNS채널

  윤서아블로그 https://blog.naver.com/c36102

  윤서아인스타 https://www.instagram.com/passionsallynet

  재노스쿨까페 https://cafe.naver.com/dreamschoolfreedom

CONTENTS

그 좋은 직업을 왜 그만 두셨어요?

어릴 적부터 가르치는 걸 좋아했다. 그리고 초등교사가 여자직업으로 제일 좋은 직업이라고 들으면서 컸다. 시골에서 농사를 짓던 부모님은 세상살이에 꽤 보수적이었다. 광역시로 이사를 오고 나서도 사고방식은 꽤나 옛스러웠다. 친구들이 진로와 이성에 대해 고민할 때 나는 아무 생각이 없었다.

나라는 사람 자체가 무척 단순하기도 하고 관심 없는 일에는 곁눈을 두지 않는 성격이기도 했다. 세상에 대한 고민이나 진로에 대해 깊이 있는 고민을 할 필요가 없었다. 관심대상이 아니었고, 처음부터 초등선생님으로 태어난 사람처럼 교육대학교에 진학을 했다. 그리고 임용고시를 거쳐 초등교사가 되었다. 부모님이 원했고, 나는 고민하지 않은 채 그 직업을 갖게 된 것이다. 내가 원하는 것이 무엇인지, 나의 사명은 무엇인지 모르면서 늘 꿈만 꾸고 있었다. 그 꿈이라는 것도 외적으로 드러나는 성과에 집착한 것이었다. 석사와 박사를 거쳐 30대 중반에 학위를 얻었다.

박사후과정(post-doctor, 포닥)을 준비하던 중, 그제서야 '이 길이 내 길인가?' 라는 고민이 시작되었다. 그렇게 긴장을 내려놓고 나를 돌아보기 시작하자, 온 몸에서 근육통이 시작되었고, 뜬 눈으로 지새는 날이 계속되었다.

인생에는 늘 전환점이 있다. 터닝포인트, 그것은 어디서, 어떻게, 시작될지 알 수 없다. 그렇게 우연히 갑자기 내 삶의 관심축이 바뀌게 되었다. 마이너스통장의 대출 잔고를 확인하고, 재테크와는 거리가 먼 나를 발견하게 되었다.

'이런 상거지!' 그때 내 마음속에 떠올랐던 단어다. 머리는 굵어졌지만 통장은 텅 비어있었다. 아카데미의 환상에 빠졌었고, 현실 감각 없는 공부벌레로 살고 있었다. 부동산과 주식투자를 시작한 것도 그 즈음이다. 안정적인 직업, 여성들이 선호하는 직장, 그런 이유를 넘어서 내가 왜 존재하는지, 어떻게 살아가야할지 삶의 본질에 대해 고민하기 시작했다. 늦은 사춘기가 오고 있었다.

"오늘까지 명예퇴직 서류 제출마감입니다. 관심 있는 선생님은 연락주세요"

이 메시지를 받아본 순간, 단 5초의 고민도 없이 명퇴를 결정했다. 어쩌면 미리 준비하고 있었는지도 모르겠다. 학교에서 근무하는 동안 최선을 다했고 후회없이 근무했다. 그것으로 족하다. 공교육의 제도 속에서 성장의 한계를 느꼈기에 결단을 한 것이다. 더 크게 성장할 시장으로 나아가리라.

"그 좋은 직업을 왜 그만두셨어요?"

내가 가장 많이 받는 질문이다. 그들이 말하는 좋은 직업의 뜻은 방학이 있고, 일찍 퇴근하고, 시간적 여유가 있으며 안정적인 직업이라는 것이다. 그런데 나는 이 항목에 하나도 해당이 되지 않았다. 방학 때 연수, 세미나에 참석하느라 늘 바빴고, 야근하는 날이 더 많았으며, 시간적 여유도 없었다. 주경야독처럼 공부와 직장, 자기계발과 직장을 늘 겸하고 있었기 때문이다. 나에게 중요한 것은 '내가 스스로 결정하고 선택할 수 있는가?'였다. 나는 내 삶의 주인이고 싶었다. 주체적으로 행동하고 결정하고 싶었다. 비합리적인 제도 속에 나를 끼워 넣고 성장의 한계를 정하면서 살고 싶지 않았다.

자산관리메신저, 존재가치를 알다

2020년 1월 29일 이 날은 내가 새로 태어난 날이다. 개인투자자에서 자산관리메신저로 첫 출발을 결심한 날이기 때문이다. 구정 연휴 다들 고향에 내려가고 친지들과 보낼 때 나는 삼성동으로 달려갔다. 박현근코치의 원데이 실행독서 강좌에 참여하기 위해서였다. 하루 동안 책을 읽고, 블로그 글을 쓰고 한 명씩 박코치님 사무실에서 상담도 하였다. 이때의 과제가 SNS 블로그에 강의공지를 하고 사람들을 모객해서 운영해보는 것이었다. 박코치님은 30명을 모으면 무료강의를 해주겠다는 파격제안까지 해주셨다. 수강생들의 과제수행을 독려하는 차원이었다.

재테크강좌를 기획하고 블로그에 공지글을 올렸다. 심장이 쫄깃해지는 느낌으로 너무 두근거렸다. '10명이라도 신청해주면 좋겠다.', '아무도 신청을 안 하면 어쩌지' 그렇게 시작한 이 강좌는 모객 열흘 만에 50명이상 결제를 하였고, 강의시작 전날까지는 104명이 결제를 하였다. 그게 바로 재독클럽1기였다. 3개월 동안 부동산과 주식에 관한 내용으로 총 9회, 27시간 강좌를 제공하는 프로그램이었다.

많이 모객 된 이유를 나름 분석해보니 첫째, 그 당시 블로그 1일 1포와 서로 이웃 소통을 통해 블로그가 매우 활성화된 상태였다. 둘째, 카톡방에 홍보를 했더니 많은 분들이 호응을 해주셨다. 셋째, 가격이 8만원으로 저렴했다. 넷째, 가격대비 가성비가 좋은 프로그램이었다. 박코치님과 수강생분들의 격려와 응원 덕분에 재노스쿨의 재독클럽강좌를 성공리에 시작하게 되었다.

20년 상반기부터 재노스쿨 카페를 만들어서 사람들을 모았다. 톡방과 톡채널, 까페를 통해서 잠재고객들과 소통하기 시작했다. 처음 커뮤니티를 운영했던 나는 모든 에너지를 톡방과 까페 운영에 몰입했다. 지금만큼 톡방이 많지도 않고 함께하는 스텝들이 4명이나 있어서 즐겁게 운영했다. 예전에는 막연히 부동산창업과 SNS수익화과정 등을 배우고 익혔다면, 재독클럽 강의를 시작으로 간다마사노리의 '행동하면 현실이 된다'를 몸소 체험하게 되었다.

늘 좋은 일, 즐거운 일만 있었던 것은 아니다. 톡방에서 불필요한 다툼이 발생하기도 했고, 재노스쿨 로고와 나의 사진을 무단 도용해서 투자금을 유치하려는 세력들도 생겼다. 처음 하는 일들이라 모든 것이 새롭고 서툴렀다. 업무진행이 미숙해서 민원이 발생하기도 하고, 혼자 속상해서 울기도 했다. 안 힘든 척 했지만, 고객과의 관계는 늘 조심스러웠다.

'55세 정도면 명퇴하고 나의 사업을 시작하겠다.' 부동산창업에 관심이 많았던 나는 그렇게 중년의 은퇴이후의 삶을 준비하고 있었다. 그런데 10년 정도 그 시기가 빨라졌다. 그 계기가 된 것이 블로그였다. 블로그로

SNS를 시작했고, 새로운 사람들을 만났고, 자산관리메신저로 성장하게 되었다. 하지만, 늘 개인적인 투자와 성장에만 관심이 많았던 나였다. 타인의 성과와 기버(giver)로서의 삶에는 큰 관심이 없었다.

그러던 중 박현근코치님의 메신저나비 독서모임에서 연사로 초청된 강규형대표님을 뵙게 되었다. 그때 성과를 지배하는 바인더의 힘 특강을 들었다. 강규형대표님은 대나무처럼 올곧은 분이셨다. 늘 같은 자리에서 우리를 기다리고 있는 그런 분이셨다. 양재나비 독서모임을 처음 방문했을 때의 감동은 바다를 처음 봤을 때보다 컸다. 문정동의 북까페를 본 순간, 섬세함이 묻어나는 그 공간이 너무 좋았다. 그리고, 내가 살아온 삶을 뒤돌아 보니, 내가 얼마나 이기적인 사람인지 깨닫게 되었다. 너무 부끄러워졌다. 그날 나는 이웃과 나누고 이웃의 성과를 돕는 사람이 되겠다는 다짐을 하게 되었다.

그리고 또 큰 산을 만나게 되었다. 바로 김형환대표님이다. 김형환대표님은 소나무 숲향기가 나는 따뜻한 분이시다. '내가 누군지 모르면서 꿈부터 꾸지 마라!' 가슴에 큰 울림이 일었다. 내가 이 말을 20대에 들었더라면 얼마나 좋았을까? 나는 내가 누군지, 내가 원하는 것이 무엇인지, 나의 사명은 무엇인지 크게 고민해 본 적이 없었다. 내 삶의 리셋버튼을 눌렀다. 나 또한 선배님들처럼 타인에게 선한 영향력과 동기부여를 주는 리더가 되고 싶었다. 개인의 이익이 아닌 타인의 성장과 이익에 눈을 돌리게 되었다. 그래서 미련없이 명퇴를 결심했고 경기도 최연소 명퇴교사가 되었다.

자산관리메신저, 그 시작의 기술

윤서아의 존재가치(Mission)는 이렇다.

나 윤서아는 고객의 자산증식과 건강한 삶을 돕기 위해 존재한다.

나 윤서아는 자산관리메신저로 고객들의 성공투자를 컨설팅한다.

나 윤서아는 투자습관코치로 고객의 경제적 자유를 돕는다.

메신저는 자신의 존재가치를 잃어버리지 않도록 늘 마음에 새겨야한다. 내 존재가치를 잃어버리면 꿈은 의미가 없어진다. 메신저사업의 시작은 커뮤니티에서 출발한다. 사람들을 모으고 그 사람들의 관계와 소통 속에서 비즈니스가 성장한다. 성공은 결과가 아니라 매일 실천하는 하루의 시간과 경험이 모여 이루어진다. 매일의 성과를 모아서 결국 성공이라는 열매를 얻게 된다.

자기계발과 동기부여의 선구자, 벤자민 프랭클린은 "자기밖에 생각하지 않는 사람은 큰 일을 할 수 없다."고 했다. 나를 향한 이기심보다 타인을 향한 이타심, 그것이야말로 이 시대 리더와 부자들이 갖추어야할 비전과 사명이다. 나만 생각하는 투자자는 길게 성과를 낼 수가 없다. 돈을 많이 벌수록 이타심과 사명에 대한 고민에 빠진다. 인간이라면 그렇다. 많이 감사하고 많이 겸손해진다.

부의 크기만큼 겸손해지고 감사할 일이 많아진다. 만약 그렇지 않은 부자가 있다면, 그것은 그 사람의 내면의 결핍이 해결되지 않았기 때문이다. 자신의 내면의 결핍과 직면할 수 있는 용기가 필요하다. 상처를 치유하기 위해서는 그 상처와 만나야한다. 나를 정확히 직면한 후에 있는 그대로 인정하라. 그리고 다음 스텝으로 도약하라.

"행동이 곧 현실이다"
"한다는 것이 중요하다"
"지금 이 순간 결정하라, 내가 결정하지 않으면 결정을 당한다. 마음과 환경의 변화가 온 우주를 변화시키는 시작점이다."

그리고, '나중에'가 아니라 '지금 당장' 작은 것부터 시작해본다. 거창한 목표보다 현재 매일 실천하는 그것이 당신의 미래를 결정한다. 돈이 많고 적고를 떠나, 이타심을 가지고 당장 시작하는 것은 겸손한 마음에서 시작된다. 그렇게 감사한 마음을 가지고 시작하라.

다음으로 미루는 '나중에'라는 타이밍은 결코 오지 않는다. 많이 나누고 많이 공헌하는 사람이 리더다. 원대한 포부보다 현재 오늘 해야 할 일, 중요한 일부터 실천하는 것이 먼저다. 리더라면, 성공한 부자라면 이 단순한 진리를 알고 있다. 그리고 누구보다 열심히 실천하고 있다.

여러분은 지금 어디를 향해 있나요? 무엇을 보고 있나요? 여러분이 현재 보는 것은 '보고 싶은 현실'일 확률이 높다. 같은 곳을 바라봐도 사람에 따라 보여지는 현상은 다르다. 부의 흐름이 프로슈머시장, 메타버스, AI 자율주행, 빅데이터, 웰빙산업, 환경산업으로 흘러가고 있다는 것을 알아챘다면 당장 투자를 시작하라.

투자란 많은 돈이 없어도 가능하다. 해외소수점투자에서는 소액으로 세계적인 기업의 주주가 될 수 있다. 프로슈머시장과 웰빙산업의 미래가치와 성장가능성을 알아챘다면 좋은 기업의 네트워크마케팅에 참여해보자. 특히 메신저로 성장하고 싶다면, 좋은 리더를 만나는 것이 매우 중요하다. 그래서 롤모델을 만나는 것이 핵심이다. 리더는 방향을 정하는 데 큰 도움을 준다.

《어쩌다도구》의 저자 이재덕마스터가 말하는 롤모델을 대하는 방법은 이렇다.
첫째, 롤모델을 발견한다.
둘째, 롤모델에 대해 공부한다.
셋째, 롤모델을 닮아간다.

누군가가 나의 롤모델이라고 말하는 것보다 롤모델을 따라하는 데 집중해보자. 자기 계발의 끝판은 '비커밍', 즉 '되어보기'이다. 롤모델을 발견했다면, 닮고 싶은 삶을 스스로 살아보라. 복제시스템이다. 성공하고 싶다면 성공한 사람과 똑같이 살아보면 된다. 진리는 멀리 있는 신기루가 아니다. 너무 간단해서 사람들이 놓치고 있을 뿐이다.

자산관리메신저, 행동규칙 3가지

나는 학교를 떠나 학교를 세웠다. 이곳은 학력보다 실력이고, 실제적 경험을 통해 수익화를 만들어내는 학교다. 나는 재테크성공파트너로 자산관리를 돕는 메신저다. 재노스쿨에서 고객의 자산을 배가시키는 것을 돕고 있다. 매주 일요일 저녁 9시 시크릿특강을 통해 평생회원들에게 투자전략 수립에 대해 강의하고 있다.

오늘은 더샵 일산 엘로이 줍줍에 성공한 평생VVIP회원이 계약을 하러 간다고 연락이 왔다. 마치 내가 당첨된 것처럼 기쁘다. 전용 20평 이상의 아파트형 오피스텔이 인기있는 시대다. 전매가능한 단지에, 주택수 상관없이 대출이 가능하다. 투자는 시대에 따라 바뀐다.

평택 택지개발의 한 아파트를 후분양으로 계약한 평생회원분은 이번에 전세를 놓고 나니 계약금 10%를 모두 회수하게 되었다고 하셨다. 그래서 회수한 3천만원 중 일부를 다시 투자하게 되었다. 평생회원들의 투자경험을 위해 공동투자기회도 제공하고 있다. 윤서아코치의 투자물건에 숟가락 없을 기회를 주는 것이다. 평생회원이라면 누구나 신청할 수 있다. 재노스쿨에서 자산을 배가시키는 고객들이 많아지길 기대한다.

자산관리메신저로 사업을 운영하는 나의 핵심 행동규칙이 있다.

첫째, 이타심으로 사업을 한다. 이웃을 널리 이롭게 하는 마음, 그것이야말로 비즈니스의 시작이다. 이웃의 나무에 열매가 맺히도록 돕는 마음으로 고객을 대하라.

둘째, 대접받고 싶은 대로 대하라. 당신이 만나는 모든 이웃을 존중하라. 이웃을 섬기는 방식이 내 삶에 대한 태도다. 특히, 이웃의 직위와 권세에 영향을 받지 않도록 조심하라.

셋째, 많이 듣고 적게 말하라. 교만한 사람은 말이 많아진다. 겸손한 사람은 더 많이 경청한다. 설명이 장황해지지 않도록 메모와 정리습관을 익힌다. 업무메뉴얼과 강의자료 제작을 통해 핵심을 정확히 간결하게 전달한다.

메신저로서의 품성에 대한 고민은 매일 반복되는 과제 중 하나이다. "성품은 근육이다. 사용하면 강화되고 사용하지 않으면 퇴화된다." 윤스키 강사의 성품코스 첫 페이지에 나오는 문구이다. 1인기업가로 메신저로 성장하는 삶을 살아가고 싶다면, 성과보다는 성품을 실적보다는 인품을 가꾸는 데 집중할 필요가 있다.

사업 첫 달부터, 월천만원 달성 비법

　　재독클럽1기 104명의 수강생들 중 20%는 나의 찐 팬이 되었다. 20년 9월 사업시작 첫 달, 《핑크펭귄》의 구르메패키지 전략을 실천했다. '과연 될까?' 그런 의구심이 있었지만 일단 도전했다. 박현근코치님의 평생회원제도를 벤치마킹했다. 자산관리와 재테크를 핵심아이템으로 부동산주식 강의를 평생 무료로 들을 수 있도록 제공하는 것이었다. 유료과정은 50%할인을 제공하였다.

　　본격적인 사업시작 첫 달부터 평생회원모객을 시작했다. 어쩌면 너무 무모해보였을 수도 있을 것이다. '2~3명만 가입해도 좋겠다.' 딱 그런 마음이었다. 평생회원 모객 첫 달 이벤트로 회비를 100만원부터 시작했다. 매월 12명만 선착순으로 모객 했다. 어떻게 되었을까?

　　신청 3일 만에 14명이 결제했다. 그 외 다른 매출과 합산하여 사업 시작 첫 달 매출은 1,500만원 이상을 달성했다. 매월 20만원씩 올려서, 그 다음 달은 120만원으로 평생회원 회비를 받았다. 가격이 점점 올라가자 망설이는 분들이 생겨났다. 매출이 낮아질 때는 왜 낮아졌는지, 고객은 무엇을 원하는지 분석해야한다. 《핑크펭귄》의 저자, 빌 비숍은 '고객이 원하는 최상의 이득을 패키징해서 고객과 더 나은 관계를 맺을 수 있다'고 주장한다. 고객의 눈으로 세상을 바라본다면 고객이 원하는 최상의 이득을 정확히 찾아낼 수 있을 것이다.

자산관리컨설팅을 시작한지 1년이 되었다. 여성 CEO 1주년이다. 그동안 평생VVIP패밀리권을 구매하신 분들은 50여명이다. 평생회원권을 판매한 이유가 바로 돈공부, 돈관리, 투자습관을 기르기 위해서였다. 금융지능과 투자역량은 단기간에 습관화하기 어렵다. 더욱이 부동산, 주식투자를 통해 자산을 잃지 않고 투자를 지속하는 것이 쉬운 일은 아니다.

1년 동안 수강생들을 관찰해 본 결과, 나의 결론은 이렇다.

"아무리 강의를 듣고, 열심히 책을 읽고 정리해도, 실제 투자를 해보지 않으면 실력이 늘지 않는다." 결국 내 돈을 투자하겠다는 결단을 해야 하고, 행동으로 실천하며, 그 투자의 한 사이클을 경험해야한다. 그 속에서 희노애락을 느끼고 '갈등-도전-결단-행동'을 되풀이하면서 성장할 수 있다. 그렇게 나의 자산이 눈덩이처럼 커질 수 있음을 체험해보는 것이다.

일명 《윤서아코치에게 숟가락얹기 프로젝트》

돈공부는 실전투자가 최고다. 실제 투자경험을 쌓아나가는 것이 중요하다.

윤서아코치의 역할은 재테크어린이, 부동산어린이들이 투자경험을 쌓아나가도록 돕는 것이다. 투자 사이클을 함께 경험하기 때문에 불안감 없이 마음 든든한 투자참여가 가능하다. 재테크에서도 공동체를 만들어서 서로 돕는 것이다. 투자 성과와 위험요소를 나눠가지는 것이다. 이런 경험을 통해 투자안목을 넓히면서 꾸준히 투자습관을 만들어 갈 수 있다. 궁극적으로는 평생 투자시스템을 만들어 가는 것이다.

연봉 5억 도전하는 3가지 실천전략

여러분은 언제 가장 억울했었나요? 항상 공정하게 평가받아왔다고 생각하나요? 아카데미 여우조연상을 시상한 영화 미나리의 조연배우 윤여정 씨는 수많은 어록으로 유명하다. 그녀의 어록 중 한 구절을 담아봤다.

"세상은 서러움 그 자체고 인생은 불공정, 불공평해. 서러움이 있지 왜 없어.

그런데 그 서러움은 내가 극복해야 하는 것이야. 나는 내가 극복했어.

아쉽지 않고 아프지 않은 인생이 어디 있을까?

누구나 처음 태어나 처음 살아보는 인생, 나는 책을 통해 인생 예습을 했어.

60이 되어도 인생을 모르겠어. 누구나 지금이 처음이니까.

나는 나같이 살면 된다고 봐."

지금까지 다른 이들의 시선과 편견 속에 갇혀서 허우적대지는 않았나요? 이제부터는 세상의 불공평함을 인정하고 받아들이겠다고 생각을 바꿔

볼까요?

인정하는 것과 굴복하는 것은 다르다. 그것을 인정하고 그 한계를 뛰어넘은 사람들이 성공한 사람이다. 세상의 잣대에 좌절하지 않고 편견 앞에 무릎 꿇지 않고 스스로 이겨낸 사람이 리더다.

그럼 부자는 누구인가? 부자로 태어난 사람인가? 부자로 길러진 사람인가?

카메다 준이치로의 저서 《부자들은 왜 장지갑을 쓸까》에 소개된 돈의 속성중 몇 가지를 살펴보면

첫째, 돈이란 VVIP와 같은 존재, 나를 방문한 돈을 잘 대접해 줘야 한다.

둘째, 지갑을 바꾸면 돈을 대하는 태도가 달라진다.

셋째, 돈이란 자신에게 진지하게 대해주는 사람에게만 들어온다.

넷째, 지갑을 바꿀 때가 바로 인생의 전환점이다.

다섯째, 가난한 사람의 소비기준은 싸면 사고, 비싸면 안 산다. 부자의 소비기준은 필요하면 사고, 필요하지 않으면 안 산다. 부자는 소비의 주체이다.

여섯째, 연봉 200배의 법칙이 내가 사용하는 지갑에 적용된다. 지갑구매가격의 200배가 바로 나의 1년 연봉이다.

일곱째, 현금을 계산할 때는 새 돈으로 귀하게 주고 받는다. 명함이나 포인트카드는 지갑에 넣지 않는다.

21년 8월 연휴, 다른 일을 뒤로 하고 백화점부터 달려갔다. 1년 동안 주말, 명절도 없이 사업하느라 수고한 나에게 명품 장지갑을 선물했다. 카메다 준이치로는 지갑가격에 200배를 곱하면 그 사람의 연봉이라고 했다.

윤서아코치가 구매한 루이비통 카퓌신 월렛 장지갑은 백8십6만원이다. 이 가격에 300을 곱하면 5억5천8백만원이 미래 연봉이 되겠다. 근데 왜 윤서아코치는 300배인가? 화폐량 폭증과 현금가치 폭락에 따라, 지금 가치로 보면 300배로 계산하는 것이 맞겠다 싶어서다. 20년 말에 작성한 드림보드에 월 5천만원 수익을 목표로 기록한 적이 있다. 그럼 얼추 연봉이 이 정도로 나오겠다. 역시 기록의 힘은 대단하다.

윤서아코치의 연봉 5억 도전하는 3가지 실천전략은 무엇일까?

첫째, 기록하고 공언하면 이루어진다. 나는 말의 힘과 글의 힘을 믿는다. 그리고 선언의 힘을 믿는다. 어떻게 벌지? 그건 고민할 필요가 없다. 목표를 기록하고 쓰고 말로 내뱉고 선언하는 순간, 나의 모든 세포가 그 목표를 달성하기 위한 방법들을 찾아낸다. 그러니깐 어떻게 벌지는 고민할 필요가 없는 것이다. 지나고 보면 늘 목표를 성취했다. 어떤 목표는 10년이 걸렸고 어떤 목표는 1년이 걸렸다. 중요한 것은 반드시 달성한다는 것이다.

둘째, 돈에게 매일 인사를 한다. '잘 다녀와, 어서와 반가워', '고마워 다시 와줘서' 그렇게 연인에게 속삭이듯 돈에게 애정을 쏟아보자. 불필요한 낭비를 줄이고 돈을 스스로 컨트롤 하는 능력에 집중하자. 사람은 자신이 아끼고 사랑하는 것에는 함부로 하지 않는다. 돈을 귀하게 다루고 사랑해주

자. 돈이 매일 당신을 찾을 것이다.

셋째, 수입자체를 늘리는 것에 집중한다. 《부자아빠 가난한 아빠》의 저자 로버트 기요사키는 수입 자체를 늘리는 것에 집중하라고 한다. 정해진 월급과 소득을 아껴서 부자가 되는 것은 방어적 자세이다. 축구에서 이기려면 골을 넣어야한다. 수비만 해서는 무승부는 가능하겠지만 이기는 축구는 어렵다. 축구에서 골을 넣는 것은 자산관리에서 수입과 소득 자체를 늘리는 것과 같다. 지출에 집중하지 말고 수입에 집중하자.

여러분은 이 중 어떤 것을 실천하고 계실까요? 연봉 300배 배가법칙을 실천한다면, 1년 뒤 여러분의 자산은 얼마나 늘어나 있을까요? 윤서아코치와 함께 1년 동안 수익 배가법칙을 체험해보실까요?

돈은 사람과 같아서 존중해주면 나의 친구가 된다. 그리고 더 많은 친구들에게 나를 소개해준다. 몸에 지니는 것을 간결하게 하고 가치있는 것을 지니는 습관을 길러보자. 당신의 인생이 조금씩 변화될 것이다.

돈을 버는 이유는 인생의 선택지를 넓히기 위해서다. 내가 주체적으로 선택할 수 있는 기회를 넓히는 것이다. 자본주의, 민주주의의 가장 큰 장점은 선택할 수 있는 권리이다. 내가 원하는 것과 원하지 않는 것을 가치기준에 따라 판단하고 선택할 수 있다. 돈이 더 이상 우리의 장애물이 되지 않기를 바란다.

여러분은 매달 어느 정도 투자를 하고 있습니까? 여러분의 돈은 지갑

속에 얼마나 머무르고 있습니까? 은행통장에서 사이버머니로 입금되고, 자동 인출되는 시스템에 익숙해지지는 않았나요? 그렇다면 이제 여러분의 지갑에 현금이 머무르도록 바꾸어볼까요? 돈 친구가 많아질수록 당신은 자산가가 될 확률이 높아질 것이다. 그리고 그 돈이 투자를 통해 더 많은 돈 친구를 데려올 수 있도록 기회를 주자. 연봉 300배 법칙을 실천하는 부자의 진리를 지금 당장 실천하자.

지금 당장 부자가 되고 싶다면

　'6시 내고향'이나 '아침마당' TV프로그램에 소위 '달인'이 출연을 한다. 그 달인들은 호떡달인, 가죽제품리폼달인, 자동차달인 등 종류와 특징도 다양하다. 달인은 처음부터 달인으로 태어났을까? 아닐 것이다. 달인의 공통점을 찾아보니 1만시간의 법칙을 달성했고, 꾸준히 반복하면서 습관으로 만들었다. 달인이 되기 위해 그들은 시간, 반복, 습관이라는 3가지 요소에 집중했다.

　돈을 잘 버는 달인이 되고 싶다면 이들처럼 시간, 반복, 습관의 키워드를 실천하면 된다. 돈을 잘 버는 것을 연구하고 실천하고 계속 반복하면서 습관을 만들어 나가면 된다. 이쯤해서 "어떤 분야에서 돈을 벌 것이냐? 뭘 하면 돈을 벌 수 있냐?" 이런 질문들이 쏟아질 것이다. 지금 던진 질문에 집중해보자. 여러분의 머릿속에 떠오른 그 질문에 집중하는 것에서 시작해보자. 질문을 던지고 그 해답을 찾아라.

　돈은 잘 버는 만큼 잘 쓰는 것도 중요하다. 돈을 잘 쓰려면 어떻게 해야 할까? 돈의 감각부터 높여보자. 돈의 감각이란 돈의 속성을 아는 것이다. 우선 나의 소비 형태를 파악하고 내 돈이 어떻게 쓰여지는지 아는 것이다. 요즘은 돈을 직접 만질 기회가 많지 않다. 신용카드, 체크카드, 비트코인, e쿠폰 등 가상의 사이버머니로 돈을 경험하고 있다.

돈을 잘 쓴다는 것은 나의 가치기준에 맞게 돈을 쓰는 것이다. 가난한 사람들은 돈을 쓰는 기준이 없다. 충동 구매와 묻지마 구매에 쉽게 노출된다. 반면, 부자는 돈을 쓰는 기준이 분명하다. 투자를 할 때도 왜 투자하는지, 언제 얼마에 사고, 팔 것인지 기준을 세우고 투자한다. 단기, 중장기, 장기투자를 나누고, 금리와 경제상황에 맞게 가장 적절한 투자법을 공부하고 찾아낸다.

당장 부자가 되고 싶다면?
그런 방법은 없다.
한 달 뒤에 부자 되겠다. 6개월 뒤에 부자 되겠다.
그런 마음은 망상이다. 하루 빨리 망상에서 벗어나길 바란다.

적어도 3년 이상 돈에 집중하고 실천하고 경험해야 가능하다.
자산관리메신저가 알려주는 1,000일의 법칙을 잊지 말자.

간다마사노리의 말처럼, '끝까지 해내기 위해서는 끝까지 해낼 수 있는 커뮤니티에 속해 있어야 한다.', 부자가 되고 싶다면 부자들을 자주 만나고 그들과 소통해야한다. 부자들이 있는 커뮤니티에 들어가고, 투자로 성공한 사람들이 있는 모임에 참여해야한다.

억대연봉메신저 그 시작의 기술

자산관리메신저 그 꾸준함의 기술

그 출발점은 바로 커뮤니티에 있다.

재노스쿨에서 투자꿈나무들의 꿈이 현실이 되기를 바란다.

CHAPTER 9

마인드코칭을 통해
나를 성장시켜라

청소년 학습 & 진로 및 부모 성장을 돕는
마인드 코칭 메신저, 미라클 코치

윤희진

마인드 코칭을 통해 고객 스스로 현실 문제를 해결하고, 잠재력을 최대한 끌어내어 목표와 비전을 이루도록 돕는 미라클 마인드코치 윤희진입니다.
2004년생 18살 딸, 2008년생 14살 아들을 키우며 인터넷 강의업체 재택담임 교사로 근무하고 있는 워킹 맘입니다.

학습지 교사로 2011년부터 8년 이상 근무했으며, 근무하는 동안 자기 주도 학습 지도사 2급, 독서 지도사, 독서 코칭 지도사, 두뇌 계발 지도사 등의 자격증을 취득했습니다. 2018년, 코칭 교육업체에서 '청소년 학습 코치 자격증'을 취득했으며, '코칭'을 만나게 되었습니다. 2021년 9월 7일, 브런치 작가가 되었습니다.

'미라클 성장연구소'라는 1인 기업 대표로, 마인드 코칭을 돕는 '북적북적 독서 모임'을 운영하고 있습니다. '미라클 코칭센터'에서 마인드 코칭과 더불어 10대부터 20대까지의 학습코칭과 30대부터 60대 회원들의 습관코칭을 돕고 있습니다.
2021년 10월 25일, 한국코치협회 인증 코치(KAC) 합격을 앞두고 있습니다.

- 미라클 코칭센터 네이버 카페
  https://cafe.naver.com/imquerencia

- 미라클 성장연구소 블로그
  https://blog.naver.com/gctc22

- 브런치
  https://brunch.co.kr/@gctc22

CONTENTS

왕따 당해 본 적 있으세요?

저의 학창시절은 좋은 기억보다는 안 좋은 기억이 더 많습니다.

초등학교 시절에는 왕따를 당했습니다.

중학교 시절에는 별 다른 생각 없이 한 이야기로 한 선배에게 협박을 받았었습니다. 미진선배는 저와 같은 해에 태어났지만, 생일이 빨라서 같은 중학교 선배가 되었습니다. 뭐 그럴 수 있다고 생각했고, 저는 아무렇지 않게 같은 반 친구 한 명에게 말했습니다.

"3학년에 미진 선배 있지? 그 선배 원래 우리랑 동갑이야. 내가 초등학교 3학년 지금 살던 동네로 이사 오기 전에는 걸어서 1분도 안 되는 가까운 거리에 살아서 친구처럼 지냈다. 집에 가서 같이 놀기도 하고 밥도 먹고 잠도 자고 그랬어."

며칠 뒤, 통장 정리를 하러 교무실에 다녀오는 계단에서 나는 미진 선배를 포함한 3학년 선배들이 몇 명 서 있는 걸 보게 되었습니다.

"야! 윤희진, 너 나랑 맞먹겠다고 했다며? 어디 나랑 붙어 볼래? 조그만 게 어디 선배 무서운 줄 모르고 까불어? 나랑 네가 친구라고? 하~ 얘들아, 이 애 어떻게 할까? 나 지금 엄청 기분 나쁜데……."

후들거리는 다리로 겨우 교실 제 자리로 왔습니다. 앉자마자 참았던 눈물이 나와 저도 모르게 책상에 엎드려 울고 말았습니다. 선배들에게 버릇 없다는 소리를 들은 것도 억울했지만, 더 화나고 저를 서럽게 했던 건 친구에 대한 배신감 때문이었습니다. 분명히 그 친구에게만 말했으니 친구 말고는 그 선배에게 이를만한 아이도 없습니다. 그 배신감과 분노, 서러움으로 그 친구를 만나는 것도, 또 다른 새로운 친구를 사귀는 데에도 심적으로 많이 힘들었습니다.

어느덧 고등학교 진학할 시기가 되었습니다. 물론 제게 면박을 줬던 그 선배는 중학교와 같은 공간에 있는 고등학교에 진학했습니다. 그래서 저는 죽어도 그 학교에는 가기 싫었습니다. 어떻게든 그 선배와 같은 고교 선후배로 만나는 것만은 피하고 싶었지요. 하는 수 없이 저는 제가 사는 곳과 가장 가까운 도시로의 유학을 선택했습니다. 시험성적이 좋지 않으면 후기 고등학교에 가야 할 상황이 생길지도 모르지만. 제가 평소에 받는 점수로는 아슬아슬했습니다. 그래도 저는 모험을 감행했습니다. 그 선배 때문에. 저라고 부모님 슬하에서 편하게 고등학교 생활하고 싶지 않았겠어요? 저 때문에 할머니와 중학교 다니는 동생도 함께 도시로 가서 살게 되었습니다. 공무원이신 부모님은 고향에 계셔야 했습니다.

'왕따' 사건 때문에 저의 고교 입학과 이사, 험난한 고등학교 생활이 시작되었어요. 남동생도 갑작스런 전학으로 힘들어 했습니다. 감사하게 동생은 좋은 친구들을 사귀어 안정을 찾게 되었습니다. 할머니께서 참 고생을 많이 하셨습니다. 동생이 고등학교 졸업할 때까지 5년을 오롯이 저와 남동생을 키워주셨습니다. 지금 생각해도 할머니께 감사한 마음이 큽니다.

여러분은 혹시 저와 같은 경험이 없나요? 물론 없으면 좋지만, 있다면 한 번 저처럼 종이 위에 적어보세요. 다른 사람에게 보여주지 않더라도 쓰고 나면 후련해질 것입니다. 과거의 아픔이 악영향을 끼치지 않게 치유하기를 진심으로 바랍니다. 사춘기 자녀가 있다면, 이야기를 나눠보세요. 남모를 아픔을 움켜쥔 채 학교생활을 하고 있을지도 모릅니다. 직접적으로 말하지 않더라도 마음으로 다가가세요. 그리고 꼭 한 번 안아주길 바랍니다.

결혼, 출산 그리고 기억하고 싶지 않은

대학교에 진학하고, 한국대학생선교회라는 선교단체 동아리에 가입했습니다. 그 곳에서 지금의 남편을 만났습니다. 2004년 1월 남편과 결혼하고 얼마 지나지 않아 바로 첫 아이를 임신했습니다. 여느 엄마들처럼 태교도 열심히 하면서 280 여일을 보냈습니다. 드디어 11월 예쁜 딸이 태어났습니다.

딸이 태어난 지 100일 즈음 되었을 때의 일입니다. 저는 갑자기 일이 너무 하고 싶어졌습니다. 공부방을 덜컥 계약하지 않나, 보험회사에 찾아가 보험 설계사가 될 거라고 하지 않나. 정확히 생각나지는 않습니다. 하지만 기억하는 것은 평소와 제가 완전 다른 사람이 되었다는 사실입니다. 보통 산모들은 산후우울증이라는 것을 겪는데 저는 소위 말하는 조울증으로 왔습니다. 기분이 갑자기 좋았다가 한없이 우울해지는 것이 극단으로 나타나는 증세입니다.

어쨌든 저는 이 증상으로 인해 병원에 입원까지 하게 되었습니다. 이제 고작 100일 된 딸을 두고, 젖도 떼기 전이라 너무 아팠습니다. 아침, 점심, 저녁 먹고 약을 먹었는데 열 알 정도였습니다. 며칠 동안은 어떻게 지냈는지 생각이 나지 않습니다. 약 기운 때문이겠지요? 얼마의 시간이 흐른 후 저는 병원 생활에 익숙해졌습니다. 때가 되면 밥 먹고, 약을 먹고, 산책하러 가고, 치료 프로그램도 다니고.

이 병원은 다른 병원들처럼, 퇴원하고 싶다고 해서 나갈 수 있는 곳이 아니었습니다. 반드시 보호자의 퇴원 동의가 있어야 나갈 수 있었지요. 철창 없는 교도소와도 같은 곳이었습니다. 힘들 때마다 노트에 쓰고 또 썼습니다.

'나는 왜 이곳에 있는 걸까? 나가고 싶다. 딸이 너무 보고 싶다……'

병원에 있는 동안 딸이 너무 보고 싶었습니다. '어떻게 자라고 있을까? 우유는 잘 먹을까?' 한 번씩 남편이 면회를 오기는 했지만, 저는 어서 나가고 싶었습니다. 100일 정도의 시간이 지나서야 밖에 나올 수 있었습니다.

오랜만에 딸을 만났습니다. 느낌이 이상했습니다. 분명히 제가 낳은 딸인데, 딸이 아닌 것 같은 느낌. 제가 병원에 있는 동안, 남편과 이모가 키워주었습니다. 딸이 성격 좋고, 적응력 좋은 것도 모두 엄마와 떨어져 있을 때 길러진 게 아닌가 싶습니다. 다시는 이런 일이 없었으면 했습니다. 그런데 둘째를 낳고 2년 만에 조울증이 또 찾아왔습니다. 다행히 그때는 제 의지가 컸습니다. 어서 나아서 병원에서 나가고 싶다는 의지요. 그래서 33일 정도 만에 퇴원할 수 있었습니다.

아들은 감사하게 모유 수유를 2년 꼬박 다 할 수 있었습니다. 병원에 있는 기간이 짧아 만났을 때 서먹한 감정도 없었습니다. 아이들이 다 자랄 때까지는 병이 재발하지 않았습니다. 약도 성실하게 잘 먹었고요. 그런데 이게 어쩐 일일까요? 출산과는 무관하게 조울증은 2018년 또 재발했습니다.

'나는 이 병과 떨어질 수 없는 사이인가? 왜 자꾸 나를 찾아오지?'

이번엔 의사와 상의 후 약만 먹기로 했습니다. 입원하지 않고 이겨내보기로 했지요. 한 달에 한 번 정도 의사 선생님과 면담하던 것을 2주일에 한 번으로 하면서 상태를 체크했습니다. 감사하게도 증상이 호전되었고 회복되었다. 아이들도 다 성장했기에 내가 병원 신세를 지면 적잖게 충격을 받을 노릇이었습니다. 하지만 병원에 가지 않고 이겨낼 수 있었음에 감사합니다.

이제는 이 증상이 오지 않도록 마인드 코칭을 통해 제 마음을 잘 관리하고 있습니다. 좋은 사람들도 만나고 멘토들과 연락도 하면서. 매일 감사일기도 쓰고, 책도 읽습니다. 마음 관찰일기도 쓰고요. 여러분도 마인드 코칭으로 삶이 풍요롭게 되길 바랍니다.

마인드 코칭이란?

　어떤 일을 하든지 중요한 것은 마인드입니다. 마인드를 국어사전에서 찾아보면, '어떤 개념에 대한 심적인 의욕이나 경향. 또는 그것에 대한 주의력이나 인지도(認知度)'라고 나와 있습니다. 옥스퍼드 영한사전에는 '1 마음, 정신 2 (사물에 관한 판단 능력으로서의) 머리, 정신; 생각, 사고방식'이라고 나와 있습니다.

　즉, 마인드 코칭이란 마음과 정신, 생각을 코칭 함으로써 현재 상태에서 목표하는 상태로 갈 수 있도록 돕는 과정이라고 볼 수 있습니다. 여기서 우리는 '코칭'이라는 개념도 바로 알아야 합니다. 코칭이란 개인이 지닌 능력을 최대한 발휘하여 목표를 이룰 수 있도록 돕는 일을 가리키는 말입니다. 더 자세히 이야기하면, 개인의 목표를 성취할 수 있도록 자신감과 의욕을 고취시키고, 실력과 잠재력을 최대한 발휘할 수 있도록 돕는 일을 의미합니다. '코칭(coaching)'이라는 용어는 커다란 사륜마차를 가리키는 '코치(coach)'로부터 비롯된 것으로, 사람을 목적지까지 운반한다는 의미에서 목표에 다다를 수 있도록 인도한다는 의미로 변화하였습니다. 1830년 영국 옥스퍼드 대학에서 학생들의 시험 통과를 돕는 가정교사 일을 가리키는 말로 사용되었고, 1861년에 이르러 스포츠 분야에서 사용되기 시작했습니다. 풍부한 경험과 지식으로 지표를 제시해 주는 멘토링(mentoring)이나 지식을 전달해주는 티칭(teaching), 상담과 조언 역할을 하는 카운슬링(counseling)과 달리 코칭은 계약관계로 맺어지고, 개인의 변화와 발전을 지원하는 수평적이고 협력적인 파트너십에 중점을 둡니다. 성취를 이루려는 개인과 적극적으로 소통하고, 동기부여와 믿음을 심어주며, 스스로 문제점을 찾아 해결할 수 있도록 도와주는 일이라고 할 수 있습니다.

코칭에는 여러 분야가 있습니다. 기업코칭, 학습코칭, 라이프 코칭 등. 제가 하고 있는 마인드 코칭은 이 코칭 전에 하는 코칭이라 볼 수 있습니다. 마인드를 제대로 갖추고 있어야 기업도 잘 운영할 수 있고, 학생들의 경우 학습효과도 높일 수 있습니다. 마인드코칭을 통해 과거 나에게 일어났던 경험들이 현재까지 미치는 영향을 발견하고, 그로부터 지금 내 상황에서 앞으로의 내 비전과 목표를 향해 나아갈 수 있습니다.

마인드 코칭은 제가 마음코칭전문가 과정을 통해 배우며 알게 된 내용을 토대로 거기에 저만이 가진 코칭기법을 더하여 탄생했습니다. 이 장에서는 제가 마음코칭을 만나게 된 계기를 말씀드리고, 마인드 코칭을 위한 마인드관찰일기 쓰는 방법을 다루겠습니다. 또한 마인드 코칭을 위해 필요한 습관인 블로그 감사일기 쓰기, 독서, 100일 글쓰기에 대해 알아보도록 하겠습니다.

마인드 코칭을 통해 저의 삶이 어떻게 변화되고, 성장했는지 살펴보면서 독자 여러분 또한 마인드 코칭으로 변화되고 성장할 수 있기를 바랍니다. 필요하다면 제가 운영하는 네이버 카페인 '미라클 코칭센터'에 가입하셔서 실제적인 도움을 받을 수 있습니다. 삶의 작은 습관들이 변화되면서 마인드를 스스로 코칭 할 수 있게 될 것입니다. 또한 제가 운영하는 마인드 코칭 독서모임을 통해 독서 습관과 글쓰기 습관을 기를 수 있습니다. 혼자 가면 빨리 갈 수 있지만, 함께 가면 멀리 갈 수 있습니다. 여러분의 미라클 성장을 돕는 마인드 코치로써 여러분이 목표와 비전을 이루어 갈 수 있도록 함께 하겠습니다.

★ 미라클 코치를 매료시킨 코칭 철학 ★

1. 모든 사람에게는 무한한 가능성이 있다.
2. 해답은 그 사람 내부에 있다.
3. 해답을 찾기 위해서는 파트너(코치)가 필요하다.

★ 적용해 보기 ★

1. 나에게는 무한한 가능성이 있다.
2. 문제를 해결할 수 있는 답은 내 안에 있다.
3. 해답을 찾기 위해서는 코치가 필요하다.

마음 관찰 일기를 통한 마인드 코칭

모든 일은 마음먹기에 달려 있습니다. 어떤 일을 시작하는 것도, 잘해 나가는 것도, 완료하는 것까지 말입니다. 마음을 잘 통제할 수 있는 사람이 이깁니다. 아무리 돈이 많고, 명예가 있다 해도 마음이 연약하다면, 그것들을 지켜낼 수 없습니다.

2020년 저는 《엄마의 눈높이 연습》 윤주선 작가의 '마음코칭 전문가 과정'에 등록했습니다. 평생 마음코칭을 배울 수 있는 점, 작가와 누구보다 가까이할 수 있는 점이 끌렸거든요. 작가가 그동안 마음코칭을 하면서 알게 된 것들을 회원들에게 아낌없이 쏟아 부어 주었습니다. 매월 마지막 주 월요일 저녁 9시에 마음코칭 전문가 과정을 함께 하는 회원들과 화상으로 만납니다. 달마다 다르긴 하지만, 전문가 과정에 있는 내용을 심도 있게 나누는 시간입니다. 감정을 읽는 감수성 훈련도 합니다. 업무로 늦어질 때가 많지만 그 모임에 들어가려고 노력합니다. 한 달에 한 번이라도 내 마음을 깊이 만나는 시간이 소중하기 때문입니다.

매일 10분이라도 자신의 마음을 관찰해 보세요. 내 마음이 어떤지, 어떤 감정이 올라오고 그 감정 속에 있는 욕구가 무엇인지 기록해 보시면 좋습니다. 제 카페(미라클 코칭센터)에는 '마음 관찰일기'를 쓰는 공간이 있습니다. 하루 동안 어떤 일이 일어났고(상황), 그 일 가운데 내가 들었던 생각은 무엇인지 써봅니다. 그 생각을 할 때 내 감정이 어떠한지, 그 감정 속에 자리한 진정한 내 욕구가 무엇인지 알아야 합니다. 마지막으로 나의 소감을 씁니다. 이렇게 '마음 관찰일기'를 쓰다 보면, 내 마음을 휘어잡고 있는 것이 무엇인지 알게 됩니다. 일어나는 감정 속에 깊은 욕구가 뭔지 알 수 있습니다.

제가 썼던 관찰일기를 나누고자 합니다.

- 상황

나는 매니저에게 온 쪽지를 확인했다. 그 쪽지에는 업무 중 [꼬리말-확인]을 누르지 않은 것에 대한 쪽지였다. 업무나 상담 시 필요한 사항이니 꼭 확인해 달라는 당부도 빼놓지 않았다.

- 내 생각

쪽지를 보자마자 그냥 화가 갑자기 났다. 왜 이렇게 비효율적인 일로 하루 업무를 시작해야 하는지 알 수가 없었다. 그래서 일단은 하라는 대로 다 확인 꼬리표를 다 달고 나서 따지듯 말했다. 이런 건 회사에서 시켜서 하시는 거냐고? 답장이 왔다. 만약 매니저가 이렇게 하는 것이 회사의 업무처리 방식이라고 바로 이야기했더라면 더 이상 나는 왈가왈부하지는 않았을 것이다. 그러나 매니저는 그렇게 하지 않았고 오해는 깊어갔다. 결국 나는 감정이 폭발했다.

- 나의 감정

많이 화났다. 회사의 업무처리 방식도 화가 났고, 이런 회사에 다닐 수밖에 없는 나의 현실도 화가 났다. 치밀어 오르는 화를 주체할 수 없어서 그것도 화가 났다.

- 나의 욕구

회사가 최전선에서 학부모, 학생들과 상담하는 교사의 입장을 조금은 이해해 주고, 쓸데없는 업무는 줄여줬으면 좋겠다. 자신들의 필요에 의한 일은 자신들이 했으면 좋겠다.

- 이제 다시 드는 생각(소감)

이런 생각도 든다. 회사와 교사들 사이에서 중재하는 매니저한테 난 왜 그랬을까? 쓸데없이…. 얼마나 힘든 입장인데…. 갑자기 매니저에게 미안한 마음이 든다.에효….

- 적용 점

매니저에게 문자나 날려야겠다. 죄송하다고….

내 마음을 관찰하고, 현재에 집중하는 시간이 얼마나 마음코칭에서 중요한 부분인지 알게 됩니다. 제 카페에 마련된 '마음 관찰일기' 코너를 통해 스스로 마음코칭 하는 시간을 꼭 가져보길 바랍니다.

1,000일 감사일기 쓰기가 낳은 기적

"감사하는 마음을 가지면 부가 생기고, 불평하는 마음을 가지면 감사하는 마음은 행복으로 가는 문을 열어준다. 감사하는 마음은 우리를 신과 함께 있도록 해준다. 늘 모든 일에 감사하면 우리의 근심도 풀린다."-존 템플턴

감사는 정말 마법 같습니다. 감사할 일이 없는 가운데서도 감사할 것들을 찾아 감사하는 사람에게는 더 좋은 감사할 것이 생깁니다. 그러나 감사할 것이 많은 가운데서도 불평만 쏟아내는 사람에게는 불평할 일이 많아지고요.

저도 예전에는 감사할 줄 모르는 사람이었습니다. 그러나 요즘은 하루에 다섯 가지 이상의 감사 제목을 찾으려고 노력합니다. 만약 다섯 가지가 안 된다면 안 좋은 일에서도 감사한 일을 찾아봅니다. 예를 들어, 아이 성적이 잘 나오지 않았다고 합시다. 이건 감사할 수 없습니다. 하지만 저는 그 속에서도 감사함을 찾아봅니다.

"오늘, 아이가 시험을 쳤으나 원하는 대로 결과가 나오지는 않았지만, 이 시험을 계기로 아이가 어디가 부족하고 더 공부해야 할 부분인지 깨닫게 하시니 감사합니다."

저는 감사 일기를 매일 블로그에 쓰면서 하루를 마무리합니다. 노트에도 썼는데, 다른 이들과 공유하고 싶어서 블로그에 남기고 있습니다. 개인적인 감사 제목을 일기처럼 나열했을 뿐인데, 방문하는 사람 중에는 본인도 감사 일기를 써봐야겠다 맘먹기도 합니다. 이렇게 제 작은 행동이 다른 사람에게 선한 영향력을 끼칠 수 있다는 것이 어찌나 보람된 일인지. 지금도 제 블로그에 쌓이고 있는 감사일기 콘텐츠를 보면 기분이 좋아집니다. 과거의 감사일기 속에 녹아 있는 저의 생각과 일상들을 보는 것도 기쁨 중 하나지요. 누군가에게 공개하는 것이 꺼려진다면, 자신만의 노트를 만들어서 꾸준히 감사 일기를 써보라고 권하고 싶습니다.

김두한 목사가 쓴 《그래도 감사한 날에》 마지막 부분에 보면, '일상의 감사가 얼마나 중요한지에 대해 언급하고 있습니다.
"지금 감사하는 것입니다. 바로 지금, 어려운 지금, 어느 때보다 절망되는 지금 감사하는 것입니다. 기회가 오면 감사하는 것이 아니라, 지금 감사하는 자에게 기회가 올 것입니다."

감사할 조건이 되어서 감사하는 게 아니라, 지금의 상황이 어떠하든지 감사할 수 있는 그런 사람이 되면 좋겠습니다.
감사하는 사람은 겸손합니다. 내가 모든 것을 할 수 있다고 자신하는 사람은 감사하기 힘듭니다. 왜냐하면, 결국 일어난 모든 일은 자신의 노력과 능력으로만 된 것으로 생각하기 때문입니다. 따라서 자신의 능력이 출중하다고 생각하는 사람, 즉 똑똑한 사람은 감사하는 것도 어렵기 마련이지요.

감사할 줄 모르는 사람은 지식이 많아질수록 위험합니다. 다른 사람에게 도움을 주려는 마음보다 본인의 위상이 높아지는 것에 더 집중하기 때문이지요. 세상에 선한 영향력을 끼치기보다 다른 사람들을 밟고 올라가고픈 욕구만 커질 수 있기 때문입니다. 사실 진정한 성공은 다른 사람을 성공하게 하려는 마음이 있을 때 가능한 것입니다. 그러면서 겪게 되는 경험과 지식이 바로 나를 성공시키는 원동력이 되는 것입니다. 이런 경험과 지식이 쌓일 때 그냥 쌓이지 않지요. 거절과 실패도 있습니다. 어쩌면 그것은 당연합니다. 하지만 그 경험이 후일 나의 성공담에서 에피소드가 되니 얼마나 좋은가요? 거절과 실패의 경험 속에서 피어나는 감사는 더욱 빛이 나고 아름답습니다. 아까도 이야기했지만, 감사할 상황에서 감사할 수 있는 것은 누구나 할 수 있습니다. 하지만 그럼에도 불구하고 감사하는 것은 한 차원 더 높은 감사입니다.

제가 한 교육회사에서 근무할 때 '감사·행복·나눔 프로그램'라는 직원양성교육을 받은 적이 있습니다. 그곳에서 가장 기억에 남는 프로그램은한 대상에게 100가지 감사를 적어서 전달하는 것입니다. 저는 친정어머니께 100 감사를 썼습니다. 100가지를 쓰는 동안 친정어머니의 모습이 생각이 나서 가슴이 아리고 코끝이 찡했습니다. 그리고 여기서 배운 것 또 한 가지는 감사에도 세 가지 단계가 있다는 것입니다.

첫 번째 단계는 '만약 ~한다면 감사하겠다(If 감사).' 입니다. 예를 들면 "만약 올해 돈을 많이 벌게 해주시면 감사하겠습니다." 어떻게 보면 정말 어린 아이 같은 감사입니다. 두 번째 단계는 '~때문에 감사(Because of 감사)'입니다. 예를 들어 "오늘 친구와 만나 오랜만에 이야기하고 즐거운 시간을 보내게 해 주셔서 감사합니다." 같이 감사할 이유가 있어 감사하는 것입니다. 우리가 정말 추구해야 할 감사, 바로 세 번째, '그럼에도 불구하고 감사(In spite of 감사)'입니다. "오늘은 비록 내가 원하는 매출이 달성되지는 못했지만, 이를 계기로 어떻게 하면 고객의 주머니를 열어 매출을 올릴 수 있을지 공부하는 계기로 삼을 수 있게 되니 감사합니다." 이렇게 수준 높은 감사도 있습니다.

모든 일에 감사한다는 건 정말 어려운 일입니다. 하지만, 생활에서 일어나는 소소한 일에 감사해 봅시다. 그러다 보면 어느새 나도 모르는 사이에 감사의 근육이 키워져 있음을 발견하게 될 것입니다.

마인드 코칭의 불쏘시개, 독서

"모든 리더는 리더다"(All Leaders are Reader) 라는 말이 있습니다. 안계환의 저서 《성공하는 사람들의 독서 습관》 머리말에는 이 문구를 인용하며 다음과 같이 이야기하고 있습니다.

"책을 많이 읽는다고 해서 모두 리더(Leader)가 되는 것은 아니지만 대부분의 성공한 리더는 책을 많이 읽는다."

독서의 중요성은 말하지 않아도 다 알 것입니다. 서점의 이미 많은 책속에서 독서와 독서 습관의 중요성을 다룬 책들이 출간되었고, 또 읽혀졌기 때문입니다. 그래도 여전히 독서와 독서 습관 책이 쏟아져 나오는 이유는 그만큼 중요하기 때문이기도 하지만, 여전히 실천하지 않고 있는 사람들이 적어서이지 않을까 하는 생각을 해보게 됩니다.

어렸을 때 집에는 제가 읽을 만한 책이 거의 없었고, 그나마 있는 책들도 읽기가 힘든 책들이었습니다. 제 옆집에 친구가 살았어요. 그 친구는 책읽기를 좋아해서 친구 집엔 책이 정말 많았습니다. 저는 그 친구 집에 가서 책을 빌려 읽곤 했습니다. 그때부터 책이 재밌고, 책 욕심도 생긴 것 같습니다.

독서는 간접적으로 최고의 사람들을 만나게 해줄 뿐 아니라 자신의 능력과 수준을 최고로 높여줍니다. 인생의 큰 꿈을 꾸게 해주는 것, 끊임없이 노력하는 삶을 살게 해주는 것이 독서의 힘입니다. 독서는 마인드를 코칭할 때도 효과가 있습니다. 책 중에 마음, 마인드를 다루는 책들도 많이 있습니다. 성공을 다루는 책에서조차 마인드가 중요하다고 말하고 있고요.

책은 지식과 경험을 주기도 하지만 마인드도 단단하게 만드는 효과도 있습니다. 굳이 심리 관련 책이 아니더라도 책을 읽고 있으면 마음을 차분하게 하지요. 머릿속에 복잡한 생각이 있어도 책을 읽다 보면 금방 잊게 되지요. 마인드를 강화해주는 책도 시중에 많이 나와 있습니다. 제가 가진 책 중에서도 권영애 작가의 《마음에도 옷이 필요해_마음 추운 날 마음 코트》는 읽고 페이지를 채우다 보면 마음이 치유됩니다. 심지어 성공이나 자기계발 도서에서도 마인드의 중요성을 다루고 있습니다. '성공하려면 성공을 단언하라' 끊임없이 내가 되고 싶은 사람의 모습을 그리라고 합니다. 긍정문을 외치라고 말합니다. 그러면 잠재의식이 그것을 받아들이고 그것을 실현해 내기 위해 작동한다고 합니다.

내 감정이 어떤지 잘 알면 그 감정을 다루는 책을 찾아볼 수도 있습니다. 감정을 잘 알기 위해서는 하루 10분이라도 자신의 마음을 들여다볼 수 있는 시간을 내어야겠지요? 하루에도 몇 번씩 올라오는 감정을 다스리기란 쉽지 않습니다. 그러나 독서를 통해 내공을 쌓다 보면 감정이 나를 휘두르지 않게 할 수는 있습니다.

만약 누군가가 제게 이렇게 말했다고 합시다.

"도대체 생각이 있는 거예요?"그럴 때 여러분은 어떻게 대답하시겠어요?

A. "제 생각이 어때서요? 그러는 당신은 생각이 있나요?"

B. "그럼요. 저는 저의 생각이 있습니다. 혹시 뭐가 잘못되었나요? 어떤 점에서 그렇게 생각하시나요?"

어떤 대답을 하느냐에 따라 듣는 사람의 기분을 상하게도 할 수 있고, 부끄럽게 만들 수도 있는 것입니다. 상대방을 기분 나쁘게 하면서까지 내 의견을 말할 필요는 없습니다. 상대방이 말한 것을 갖고, 내 기분마저 상하게 할 수도 없습니다. '어떤 말을 해야 상대방이 나의 의견을 잘 이해하면서 기분이 나쁘지 않게 할 수 있을까?'

책에 나오는 질문들에 답해 보면서 생각을 정리해 볼 수 있습니다.

루이스 헤이의 《치유》라는 책도 마인드 코칭에 효과적입니다. 읽고만 있어도 치유가 일어나는 기분입니다. 책을 읽으면 조금씩 나를 사로잡고 있던 열등감이 사라지게 됩니다. 나 자신이 얼마나 소중한 존재인지 깨닫게 되지요. 책을 읽다가 좋은 문장이 나오면 소리 내어 읽어도 보고, 베껴 써보세요.

마인드를 스스로 코칭하기 위해 오늘부터 마음에 끌리는 책 한 권 읽어 보는 건 어떨까요?

마인드 코칭에 효과적인 글쓰기

　마인드 코칭 습관으로 좋은 것은 '글쓰기'입니다. 글을 쓰면서 내 마음을 정리해볼 수 있습니다. 지금 내 마음에서 어떤 일이 일어나고 있는지 구체적으로 적어보세요. 어떤 상황인지, 그 상황에서 내 감정이 무엇이었는지, 그리고 그 속에 숨은 욕구는 무엇인지 써 보세요. 쓰면서 느낀 점을 써보는 것이 중요하다. 다름 아닌 앞서 이야기한 마음 관찰일기를 써보는 거지요. 감사일기도 글쓰기 영역 안에 넣을 수 있겠네요.

　초등학교 다니던 시절 학교에서 일기 쓰기 숙제를 내어 주면 하기 싫었답니다. 사실 일기는 자신의 비밀스러운 이야기잖아요. 그런데 숙제를 위한 일기를 쓰다 보니 정작 일기가 일기답지 못했다는 생각이 드네요.

　독후감도 마찬가지입니다. 독후감을 써 오라는 숙제를 해야 하면 어찌 그리 책 읽는 것도 부담되고 싫었는지……. 아마도 스스로 좋아서 해야 하는데 숙제 검사를 받아야 해서 싫어하지 않았나 싶네요. 책을 읽고 느낀 점을 오롯이 나타내면 좋은데, 줄거리를 왕창 쓰고 마지막에 '참 재미있었다.'

이렇게 끝마쳐지기가 일쑤였어요. 지금 생각해 보면 정말 유치한 독후감이네요. 그러나 요즘은 책을 읽고 한 문장이라도 좋은 문장을 만나면 그 문장을 쓰고 제 생각을 글로 표현합니다. 서평단에 참가하여 서평 쓰는 것도 일상이 되었고요.

책을 읽고 기록하는 걸 처음부터 좋아하지는 않았습니다. 앞서 이야기한 것처럼 숙제가 있으면 억지로 했었죠. 그런데 어른이 되고, 책의 재미에 푹 빠져 살다 보니 책에 대한 내 생각도 적게 되고, 블로그에 서평도 쓰게 되었습니다. 서평이라고 해서 뭐 거창한 건 아니에요. 책에 나오는 좋은 구절은 필사하고, 필사한 내용에 대한 짧은 생각을 나열하는 정도입니다. 그런데 신기한 것은 서평을 쓰면 쓸수록 생각의 깊이가 깊어짐을 느낄 수 있습니다. 블로그에 올리니 이웃들의 반응도 좋고, 피드백을 받으니 좀 더 잘 쓰고 싶어지는 욕구도 생겼습니다. 사람은 누구나 인정받고 싶은 욕구가 있는데 저는 블로그에 기록하는 습관을 통해 이 욕구가 채워졌어요.

매일 감사 일기를 비롯하여 저의 생각들을 블로그에 올리고 있습니다. 블로그를 본격적으로 쓰기 시작한 것은 2019년 여름부터입니다. 한창 책쓰기를 시작했을 때이고, 또 유튜브 영상도 올리던 때입니다. 그런데 유튜브 구독자 수는 잘 늘지 않았어요. 그런데 블로그에 글을 거의 날마다 올리게 되니 이웃 수가 눈에 띄게 늘어났어요. 이웃 수를 늘리려고 노력하지 않았는데, 서로 이웃을 신청하는 사람이 늘어났습니다. 요청 수락을 누를 때의 기쁨은 이루다 말할 수 없습니다.

블로그에 글을 하나씩 올리면서 꾸준함을 배웠습니다. 하나를 시작하면 끝을 잘 보지 못하는 성격이었는데, 지금은 꾸준히 하는 것이 있으니 신기합니다. 블로그 글쓰기를 통해서 글쓰기 실력도 향상되고 있으니 이것이 야말로 일석이조입니다.

메신저 스쿨 대표이자 《고교 중퇴 배달부 억대 연봉 메신저 되다》를 쓴 박현근 코치가 100일 글쓰기 프로젝트를 진행했습니다. 하루도 빼먹지 않고 썼던 경험이 있습니다. 또한 《당신만을 위한 100개의 질문》책에 나오는 질문에 대한 답도 100일간 썼습니다. 무언가를 백일동안 꾸준히 하면서, '나도 시작한 일을 끝까지 해낼 수 있구나!'라는 자신감을 얻었습니다.

블로그를 아직 하고 있지 않은 독자가 있다면 나는 꼭 해보라고 이야기하고 싶습니다. 단 몇 줄이어도 괜찮습니다. 감사 일기를 기록해도 되고, 좋은 책을 필사해보는 것도 좋고, 짧은 글이라도 꾸준히 올려보세요. 공개되는 게 싫으면 얼마간은 비공개로라도 써도 좋겠지만 저는 공개로 해서 쓰시기를 추천합니다. 왜냐하면 다른 사람이 나에게 해주는 피드백을 통해 내가 성장할 수 있고, 그렇게 해야 글쓰기 실력도 늘기 때문입니다.

글쓰기가 마음을 정리해 주는데 탁월한 효과가 있다는 것을 여러분도 경험해보시기를 바랍니다. 오늘 조용한 카페에 들러 글 한 편 써보는 건 어떨까요?

마인드 코칭 메신저_그 첫걸음

브랜든 버처드가 쓴 《백만장자 메신저》에서 '메신저란 자신의 경험과 지식을 메시지로 만들어 다른 이들에게 전달하는 사람. 다른 사람들에게 조언을 제공하고 그 대가를 받는 사람이다.'라고 정의하고 있습니다.

두 아이를 낳아 기르면서 경력단절 여성으로 살던 저는 2009년 '피아노 어드벤처 전문자격증' 과정을 들었습니다. 어릴 때부터 배운 피아노를 누군가에게 가르쳐 주고 싶었기 때문입니다. 남양주에서 서울 상명대까지 가서 15주간 3시간씩 수업을 들어야 했습니다. 막내가 고작 두 돌이 지난 시점이었지요. 자격증을 따고 나서 아파트에 사는 아이들을 대상으로 피아노 어드벤처 교재로 레슨을 했습니다. 전공자는 아니었지만, 학부모들의 반응은 좋았습니다. 아이들을 가르치는 일이 천직이라 여기게 된 것도 이때부터였던 것 같습니다.

그러다 딸이 초등학교에 입학하기 직전, 아들이 네 살이 되던 해부터 학습지교사, 공부방 교사, 학원 강사에서 보험 세일즈 등등의 여러 일들을 했습니다.

그 후에 저는 제 삶의 전환점이 되는 분을 만나게 되었습니다. 바로 1인 기업의 대가 김형환 교수님입니다. 일대일 코칭 이후 1인 기업 & CEO 실전경영전략스쿨 78기 5주 과정을 듣게 되었습니다. 많은 1인 기업가들을 인터뷰하게 되었고, 1인 기업이라는 세계를 알게 되었습니다. 딸이 고등학생이 되면서 가계에 돈이 필요해 안정적인 직업을 가져야 했습니다. 그렇게 하게 된 일이 지금 하고 있는 인터넷 강의 업체 재택관리교사입니다. 그러나 이전처럼 학습지 교사로 살던 모습과는 달라졌습니다.

1인 기업가로 살고 싶은 마음이 점점 커졌습니다. 그래서 카페를 개설하고, 오픈채팅방도 만들었습니다. '모루만_모닝 루틴 만들기', '셀스플_셀프 스터디 플래너'프로젝트도 진행했습니다. 제가 새벽에 일어나려고 만든 '모루만', 학생들이 스스로 학습을 잘 할 수 있도록 계획표를 만들고 인증하는 '셀스플', 이것이 제 1인 기업의 시작이었지요. 책을 더 깊이 읽어보려고 '북적북적 독서모임'을 만들고, 현재 1만원의 수강료이지만, 10만원 가치를 드리려고 애씁니다. 앞으로도 계속 될 독서모임에 더 많은 사람들이 참여하게 될 것이 기대됩니다. 사람으로 북적북적한 독서모임이자, 책에 적고 책의 내용을 적용하자는 뜻으로 '북적북적' 이라는 이름을 만들었습니다. 다음 회기부터는 마인드를 스스로 코칭 하는 방법도 알려 드리고, 일대일 코칭도 해 드릴 것입니다. 한국코치협회 인증코치가 되려는 것도 사람들을 전문적으로 돕고 싶어서입니다.

앞으로 마인드 코칭 스쿨을 만들어 저와 같이 마인드를 코칭 하는 코치를 양성하고 싶은 비전을 갖고 있습니다. 이 비전은 꼭 이루어집니다. 제가 그 비전을 위해 지금 나아가고 있기 때문이지요.

여러분은 어떤 비전을 갖고 있나요? 무한한 잠재력이 있는 자신을 믿고 그 꿈과 목표를 향해 나아가시기를 바랍니다. 마인드 코칭이 필요하다면 제가 기꺼이 코치가 되어 드리겠습니다. 여러분의 꿈을 응원합니다. 저의 이야기를 읽어주셔서 감사합니다.

★ 나를 위한 마인드 코칭 질문 ★

Q1.
아무런 제한이 없을 때 내가 지금 가장 하고 싶은 일은 무엇인가요?

Q2.
이 세상을 떠난 후 후대 사람들에게 나는 어떤 사람으로 평가받고 싶나요?

Q3.
나를 가장 빛나게 해 주는 가치는 무엇이며, 세상에 어떤 도움을 주고 싶나요?

Q4.
감사를 전하고 싶은 사람은 누구이며, 어떻게 감사를 표현하시겠어요?

Q5.
용서해야 할 사람은 누구이며, 어떻게 용서하시겠어요?

CHAPTER 10

결국엔
꿈을 이루어내는
도전과 성장 메신저

우주최강 꿈 메이커 대표 & 도전과 성장 메신저
이경진

우주최강 꿈 메이커 대표로, 미라클 모닝, 글쓰기, 독서 모임 등을 운영하고 있으며, 사람들에게 꿈과 용기를 주는 메신저의 일을 하고 있다. 과거엔 늦잠으로 인해 회사에서 잘리기도 수 차례였다. 아이가 태어나고 아이를 위해 책을 읽으며 성장을 시작하고, 딸 아이가 학교에 자주 지각하자 새벽 기상 습관을 들이기 시작했다. 늘 작심 삼일형이었던 과거에서 새벽 기상의 습관이 성공하자 다른 여러 습관을 잡아 나가기 시작했다.

새벽에 실천한 모닝 루틴으로 작가와 강사가 되었으며 방송촬영, 하이클래스 1%블로거, 유튜버 등의 N잡러, 디지털 노마드, 7년간의 새벽 기상을 실천한 노하우로 다른 사람의 새벽 기상을 성공시키는 코치가 되어, 타인에게 도움을 주는 메신저의 삶을 살고 있다.

- 블로그 : 긍정언어 이경진
  https://blog.naver.com/lkj675
- 오픈채팅방 : 우주최강 꿈 메이커
  https://open.kakao.com/o/gE7wSfkc
- 네이버 카페 : 우주최강 꿈 메이커
  https://cafe.naver.com/MyCafeIntro.nhn?clubid=30412981
- 유튜브 : 긍정언어 이경진
  https://www.youtube.com/channel/UCkpwVuPy_vQkZ5aiwJcRtkQ
- 이메일 : lkj675@naver.com
- 전화번호 : 010-8324-9494

CONTENTS

우연히 만난 시 한 편
-우리는 모두 꽃이다

'내가 다른 사람들과 함께 있는 시간이 불편한 것은 내 어린 시절 때문인가 보다. 나는 앞으로 다른 사람들 만나면 안 되겠다.'

오래전부터 다른 사람들과의 관계가 어려웠다. 어느새인가 다른 사람들과의 관계 속에서 이런 이질감이 드는 것은 내 어린 시절의 환경 탓이라고 생각이 들게 되었다.

어느 날, 이제 막 초등학교에 입학한 나를 사이에 두고 부모님은 웃으면서 농담처럼 이야기를 주고받았다. "코는 당신 닮아 못생겼다.", "입은 당신 닮아 못생겼다." 어렸던 나는 그 이야기를 들으며 생각했다. '어쩜 신은 엄마 아빠의 못난 부분만 내게 주었는지, 난 운도 지지리도 없다.' 엄마 뱃속에서부터 잘못 만들어진 인생이라 생각이 들었다. 이미 망친 인생이었다. 한번 죽고 다시 태어나 새로운 삶을 살고 싶었다. 하지만, 그것도 쉽지 않은 일이었다. 내가 나를 사랑하지 않으니 인생을 잘 살 필요가 없었다. 공부도,

좋은 생활 습관들도 모두 남의 일이었다.

한번 생각된 '나는 운 없는 아이다' 라는 굳은 신념은 시간이 갈수록 내 안에 단단하게 자리를 잡았다. 살면 살수록 점점 더 '나는 운 없는 사람'이라는 증거들을 발견했다. '운없는 사람'이라는 믿음은 점점 더 강해졌고, 내가 믿는대로 기억속에 저장이 되었다. 악순환은 반복이 되었다. 잦은 부부 싸움으로 인해 에너지가 없었던 부모님에게 나는 못난 딸이었다. 아빠에게는 말로 맞았고, 엄마에게는 매를 맞으며 자랐다.

성인이 되고 아이를 낳았다. 운 없는 내가 아이의 인생을 망칠 것 같아 출산 후 굉장히 두려워졌다. 아이는 나보다 더 잘 크게 하고 싶었다. 때마침 도서관이 활성화되었고 책을 읽기 시작하며 부정적이었던 내 생각은 긍정적으로 바뀌게 되었고, 삶의 태도도 점점 더 적극적으로 변했다.

하지만 일상에서 만나는 여러 순간들마다 한 번씩 불안감과 무력감이 올라왔다. 나는 그럴때마다 그 힘든 감정들이 내 어린 시절의 탓인 듯했다.

어느 날 친했던 분과 몇 번의 불편한 감정 이후, 나는 그 이유를 다시 또 내 어린 시절의 환경 탓으로 돌렸다. 갑자기 타인에게 주는 영향이 무서워지기 시작하면서, 나는 앞으로 평생 사람들을 만나면 안 되겠다는 생각이 들었다. 다른 사람들과 마주치지 않기 위해서라도 집 밖에 나가지 않게 되었다. 아니, 집 밖으로 나갈 수가 없었다. 어쩌다 밖에 나갈 때에도 누군가를 만나게 될까 봐 골목길로 다니고, 모자를 깊게 눌러쓰고 다녔다. 그렇게 나는 꽤 오랜 시간을 집과 집 앞의 마트, 아이 어린이집만 왕복하며 혼자 살았다. 그러던 어느 날 우연히 시 한 편을 보게 되었다.

우리는 모두 꽃이다.

-김국진

내가 아직 피어나지 않았다고
자기가 꽃이 아니라고 착각하지 말아라

남들이 피지 않았다고
남들이 꽃이 아니라고 여기지 말라

내가 피었다고 해서
나만 꽃이라고 생각하지 말라

남들이 피었다고 해서
나만 꽃이 아니라고 생각하지 말라

우리는 모두 꽃이다.

'그래 나는 아직 피지 않았지만 나도 꽃이야'라고 생각이 들었다. 현재의 모습은 다른 사람들에 비해 한없이 미천해 보였지만, 미래에 내가 피어나는 모습을 상상했다. 다시 용기가 났다. 우연히 만난 '우리는 모두 꽃이다.' 시는 동굴 속에 숨어있던 나를 일으켰다.

나는 누군가를 만날까 봐 두려워하며 집안에서 무기력하게 살던 아이

엄마였다. 시 한 편으로 다시 일어나 책을 읽으며 나를 성장시켰다. 부자들의 첫 번째 습관이라는 새벽 기상을 시작으로 여러 습관들을 잡아 나가며 살아오던 중, 코로나가 극성이던 2020년, 나는 새로운 변화를 맞이했다. 강연 멘토님이신 DID 마스터 송수용 대표님의 수업과 책 쓰기 멘토님이신 기성준 작가님의 수업으로 부모님을 이해하고, 내 어린 시절과 화해할 수 있었으며, 강사와 작가가 되었다.

이후 2021년 현재, 메신저 멘토님이신 박현근 코치님과 메신저, 자신감, 블로그, 유튜브 멘토님이신 이원준 작가님의 수업으로 7년의 시간동안 새벽기상 습관을 잡은 노하우로 다른 사람의 새벽 기상을 돕는 코치가 되었을 뿐만 아니라, N잡러와 디지털 노마드로 살고 있다.

또한 지금은 '나는 운 없는 사람'이라는 생각은 전혀 들지 않는다. 여러 책과 멘토님들의 수업들을 통해 훨씬 더 단단해진 마음 근육으로, 커뮤니티와 블로그, 유튜브등의 SNS 채널과 개인 코칭등으로 인간관계 속에서 힘든 사람들의 마음 회복을 돕는 이야기들을 전하고 있다.

이 글을 읽은 어느 한 사람에게라도 '이 사람도 했으니, 나도 할 수 있겠다.'라는 마음이 생기길 바라며, 내가 메신저를 시작하게 된 이야기, 메신저로 성장한 이야기, 당신이 메신저를 해야 하는 이유들을 전한다.

함께 함의 힘, 같이 성장함의 가치

앞에 적은 '우리는 모두 꽃이다.' 시에 크게 힘을 받고 다시 일어선 나는 부자가 되기 위해서 할 수 있는 것을 생각해봤다. '일단 가계부부터 써보자' 라고 생각이 들었다. 인터넷을 켜고 '가계부'라는 키워드를 검색해 나온 '미니멀 라이프 가계부 밴드' 라는 온라인 모임에 들어갔다. 그곳엔 나와 같은 사람들이 많았다.

나와 같은 사람이 이 세상에 단 한 명이라도 있다는 사실이 굉장한 안도감이 들었다. 그것은 마치 저 사람들도 저렇게 잘 살아가고 있으니, 나도 이 세상을 살아가도 된다고 허락받는 느낌이었다. 커뮤니티의 사람들 질문을 보는 순간, 칼날 위에 서 있는 듯했던 나는 다시 땅에 내려온 안정감이 들었다.

"가계부는 어떻게 써요?"
"밖에 나가서 사 먹는 커피가 돈이 아까워요."
"카드값이 너무 많이 나와서 고민이에요."

"아이들 경제 교육은 어떻게 시키나요?"

'아, 세상은 넓고 나와 같은 사람들도 정말 많구나!'

내가 만난 사람들이 세상 사람 전부인 줄 알았고, 살고 있던 동네가 세계의 모든 곳인 줄 알았다. 우물 안 개구리였다. 하지만, 온라인 속의 가계부 커뮤니티엔 나와 같은 고민을 하는 사람들을 많이 만날 수 있었다. 우리 동네의 몇몇 분들과만 달랐을 뿐, 나와 같은 성격의 사람들은 이 세상에 정말 많았다. 돈에 관한 질문들만 올라오는 것이 아니었다. 부자가 되고 싶은 사람들은 자기 계발에도 관심이 많았다.

"다른 분들은 시간 관리를 어떻게 하나요?"

"집 정리가 안 돼요. 미니멀에 대한 노하우가 있나요?"

"신문을 읽어 보고 싶은데 어떤 신문이 좋은가요?"

사람들의 고민에 과거의 나와 감정이입이 되었다. 나도 모르게 실시간으로 올라오는 가계부에 관한 질문들, 자기 계발에 관한 질문들, 내가 보고 듣고 터득해온 방법들을 사람들에게 알려주기 시작했다. 내가 잘 모르는 질문들은 인터넷 검색으로 자료를 공유해주었다. 어느새 사람들과 친해지게 되었다.

부자는 돈만 많다고 해서 되는 것이 아니라는 생각이 들었다. 새벽 기상부터 시작해서 독서, 만 보 걷기, 미니멀 등 부자의 습관을 들이기 시작했다. 혼자 하는 것보다 함께 하는 것이 훨씬 더 힘이 났다. 부자가 되고 싶었던 나는 사람들에게 '우리 모두 같이 부자 되자'라면서 커뮤니티 활동을 하기 시작했다.

"부자들의 80%가 자수성가했다 하잖아요. 우리도 한번 해봐요"

"우리 같이 새벽 기상 도전해 봐요."

"저 오늘부터 다이어트 할 건데 같이하실 분 계신가요? 다이어트는 내일부터가 아니라 지금부터 시작하는 겁니다"

가계부 커뮤니티가 점점 더 커지기 시작하니, 그곳에서 몇 분들과 함께 공동 리더가 되었다. 공동 리더님들은 모두 자신의 성격에 맞게, 사람들에게 나누는 콘텐츠도 달랐다. 어떤 분은 절약에 관한 이야기, 어떤 분은 재테크에 관한 이야기, 그리고 내가 사람들에게 자주 하던 이야기는 도전과 습관, 그리고 사람들에게 힘을 주는 동기부여의 이야기였다.

처음 내가 들어갔을 때의 300여 명의 가계부 커뮤니티가 약 1만여 명이 넘는 6년 동안 그곳의 회원님들과 함께, 부자의 첫 번째 습관이라는 새벽 기상을 시작으로 여러 좋은 습관들을 가지게 되었다. 할 수 없던 것을 할 수 있게 되니 내 자존감도 점점 더 올라가게 되었음은 두말할 것도 없다.

가계부 커뮤니티 게시판에 '내일의 할 일' 리스트 게시글을 매일 저녁 올렸다. '내일의 할 일을 올려 주세요.'라는 단 한 줄만 적기보다, 사람들에게 좀 더 좋은 글을 전하고 싶은 마음에 명언이나 그날 읽은 책의 좋은 구절들을 찾아 올리면서, 하루 일상 속에서 느낀 나의 글도 함께 올렸다. 명언을 찾을 땐, 그날 내 마음에 가장 크게 들어오는 명언을 골라 전했다. 그날 소개하는 책에서 최고의 문장을 전하고 싶은 마음에, 책을 읽으면 첫 장부터 마지막 장까지 모두 읽은 뒤 가장 좋은 구절을 찾아 게시글에 올렸다.

사람들에게 글을 적어 올릴 때도, 다른 사람들이 읽을 때 이해하기 쉽도록 다시 읽어 보며, 수정 반복을 하면서, 게시글을 올렸다. 매일 저녁 마다 내가 써 올리는 게시글 밑에 힘을 얻는다는 댓글들, 위로를 받는다는 댓글들이 달렸다. 나는 점점 더 다른 사람들에게 보여지는 사람이 되면서, 사회에 책임감이 생기기 시작했다. 나의 개인 공간은 아니었지만, 만여 명 앞에서 글을 쓰고 말을 하는 6년간의 부 운영자의 자리는 나를 더 똑바로 살게 했다. 사람들에게 '끈기', '인내', '꾸준함'이라는 이미지가 생겼고, 잘 살길 바랐던 사람에게서, 꼭 잘 살아야 하는 사람이 되었다.

매일 커뮤니티 채팅창에서 실시간으로 만난 수 많은 사람들은 프로필 사진이 아니라 사람이었고, 한, 두줄의 댓글이 아니라 사람들의 이야기였고 마음이었다.

'부자'라는 같은 목표를 가지고 모인 사람들이다. 커뮤니티의 사람들은 모두 하나가 되어, 좋은 일이 있으면 함께 웃고, 슬픈 일이 있으면 함께 울었다. 힘든 일이 있으면 서로가 걱정해주고, 도움을 주고 싶어 했다. 모두 함께 부자 되자고 말하고, 함께 성장했다. 여러 사람과 함께한 6년의 시간은 여러 습관을 내게 주었다. 새벽 기상, 1일 1독, 매일 글쓰기, 1일 1식 등을 내게 체화시켰고, 내가 정한 목표 달성 때마다 만나는 성취감은 미래지향, 성장 추구형인 내게도 행복한 날들이었다.

270

새벽 기상 메신저의 출발

《메신저가 온다》 책의 저자 박현근 코치님의 '백만장자 메신저' 독서 강연을 듣게 되었고 '메신저 사업'이라는 것도 알게 되었다. '이 세상에 메시지를 전하는 것? 성장하고 싶어 하는 다른 사람을 돕는 것? 이건… 내가 그 전에 하던 일인데? 그럼 난 6년의 경력이 있는 거잖아. 이게 직업이 된다고? 다른 일 찾지 말고 이걸 해야겠다. 이건 내가 지금까지 하던 일 중에 제일 잘할 수 있는 일이야.'

하지만, 나는 가계부 모임에서 꽤 오랜 기간을 리더로 활동을 했었지만, 따로 운영자에게 수당을 받지는 않았던 터라, 전과 같은 일을 하면서 사람들에게 돈을 받는다는 데에 저항감이 컸다. '메신저를 돕는 메신저' 박현근 코치님께서 "독서 모임 여세요", "모임 만드세요."라고 목이 터져라, 말씀하셔도 자꾸만 내가 부족한 생각이 들었다. '우주최강 꿈 메이커'라는 내 오픈 채팅방을 열고는 그곳에 올라오는 다른 사람의 모임 홍보에는 열심히 응원해 주었다. 하지만, 정작 내 모임은 열지 못한 채 1년이 지났다.

우연히 《30살, 여전히 도전 중입니다》 책의 저자이자 라이프 빌드업의 대표이신, 이원준 작가님의 강연을 듣게 되었고, 내 안에 자신감이 없으면 그 어떤 배움도 아무 소용이 없다는 이야기를 듣게 되었다.

'그래! 다른 거 배울 생각 하지 말고 자신감부터 장착하자!'라는 생각이 들었다. 나는 강연을 다 들은 뒤 이원준 작가님께 코칭 수업을 신청했다. 결핍의 감정이 사라지지 않는다는 나의 첫 질문에 이원준 작가님은 결핍의 감정은 있어도 괜찮은 거라고 말씀하시며, 오히려 그 마음을 알기 때문에 다른 사람의 힘든 마음을 더 잘 이해해주고 공감해줄 수 있다고 말씀해 주셨다.

'결핍의 감정이 있어도 괜찮다고? 감정이 올라와도 괜찮아지도록 자꾸 연습하면 된다고? 그럼 지금 나도 괜찮은 거잖아!' 결핍의 감정이 있으면 메신저가 될 수 없다고 생각했다. 하지만 결핍의 감정이 있어도 괜찮다는 이원준 작가님의 말씀은 예전에 들었던 '우리는 모두 꽃이다.' 시와 같이 나를 다시 세워주었다. 이원준 작가님의 그 말씀을 듣고 지난날들을 떠올려 보니 나는 힘든 사람들을 보면 나도 모르게 말 한마디 더 건네고 있었고, 손 한 번 더 잡아 주고 있었다. 나를 위할 때보다 남을 위할 때 더 크게 할 수 있었던 날들이었다. 내 결핍은, 힘든 상황 속의 타인에게 도움이 되기 위한 사명이었던 것이고 메신저에게 꼭 필요한 감정이었다.

박현근 코치님과 이원준 작가님 두 분의 도움으로 모임을 운영하게 되면서 나는 드디어 메신저 사업을 시작하게 되었다. 내가 살아온 이야기와 새벽 기상 노하우 등을 이야기로 만들어 새벽 기상에 대한 강연을 열었다. 강연에 오신 분들 중 한 분께서 남겨주신 글 한 줄, "저는 그 동안 다른 작가님 강연들보다 경진 작가님 이야기가 듣고 싶었어요."라고 남겨주셨고, 그 댓글 한 줄 말씀은 내 가슴 깊이 울림으로 다가왔다. 그 외에도 강연의 여러 후기들과 미라클 모닝 모임의 후기, 내가 성장한 방법으로 다른 사람들을 성장시키는 경험은 나도 함께 성장하는 굉장한 경험이었다.

내 멘토님이신 박현근 코치님의 '파는 것은 섬기는 것이다.' 라는 말씀도 이해가 되었고, 또다른 멘토님이신 이원준 작가님의 '나의 가치를 제공하는 것이다' 라는 말씀도 이해가 되었다. '모임을 운영한다는 것은 사람들과 함께 할 수 있는 기회다. 사람들이 뭔가를 할 수 있게 환경을 만들어주는 것이다.' 라고 생각이 전환되었다. 내게 온 사람들이 나를 기다리다 다른 멘토를 찾았을 거라 생각이 들고 나니, 진작 모임을 만들지 않았던 것이 사람들에게 미안해졌다.

모임이 결성되고 난 며칠 뒤였다. 내가 다니는 교회 모임의 리더님이신 정다운 집사님께서 나를 위해 하시는 기도를 듣게 되었다.

"하나님 아버지, 이경진 강사님은 앞으로 세상을 위해 할 일이 많습니다. 이경진 강사님 옆에 돕는 자를 붙여주시고, 더 큰 일을 계획 하고 있는 이경진 강사님을 보살펴 주십시오."

'내 옆에 돕는 자를 붙여주시라고?' 나는 정신이 번쩍 들었다. '아! 그럼 내 주변의 사람들이 하나님이 나를 도우라고 붙여주신 분들인가보다!' 내 멘토님들과 주변의 많은 분들 얼굴이 한분 한분 스쳐 지나가면서 나는 가슴 깊이에서 부터 숙연해졌다. 우연으로 만난 분들인 줄 알았는데, 시간이 갈수록 더욱 더 귀한 인연이 되었다. 앞으로도 어느 누구와 만나더라도 하나님께서 나를 돕기 위해 만나게 해주시는 귀인으로 생각하고 진심으로 대해야겠다고 생각했다.

현재 미라클 모닝 모임에 온 분들과 함께 한지 어느 덧 8개월째이다. 그 동안 모임을 운영하며 좋은 일도 있었고, 안 좋은 일도 있었다. 어떻게 하면 회원님들이 습관을 잡아 나갈까? 고민했다. 나름대로 방법을 달리해가며 운영방식에 진화를 시켜나갔다. 회원님들은 각자의 사정으로 들어왔다가 나가기도 하고, 다시 들어오기도 했다.

"언제나 이 자리를 지켜주셔서 감사합니다."
오랜 기간 함께 해주셨던 회원님의 댓글 한 줄에 나는 다른 건 몰라도 미라클 모닝 모임은 계속 운영 해야겠다는 사명감이 들었다.

초고속 성장을 돕는 파급력의 도구, SNS

어린 시절은 꿈이 없었다. 어른이 되어 책을 읽으면서 꿈을 꾸기 시작했다. 습관을 잡아가면서 성장하기 시작했다. 크고 작은 성공들을 이루어 갔다. 현재도 나는 과거에 상상만 하던 모습을 구현하고 있다. 노트북을 들고 다니며 여행지에서 일을 하고, 경치 좋은 공간을 찾아 다니며 글을 쓰고 있다. 때때로 좋은 아이디어의 이벤트를 회원님들과 함께 하며, 사람들에게 삶의 재미를 전하고 있다. 이 모든 것은 블로그를 쓰기 시작하며 일어난 일들이다. 진작부터 블로그를 시작하지 않았음이 내게 가장 큰 후회다.

과거에 만났던 사람 중에 나보다 한 살 어렸던 예쁘장한 동네 엄마가 있었다. 그녀는 활발한 성격이었지만, 늦둥이 막내 아이를 키우면서 우울증에 걸렸다. 어느 날 그녀가 다른 사람의 카카오톡 프로필 사진의 여행 사진을 보고 우울해 하는 모습을 봤다. '나 하나만이라도 이 분께 힘이 되어주고 싶다'라는 생각이 들었다. 결국 그녀는 우울증 때문에 다시 집안으로 들어 앉게 되었다. 그 이후, 내 카카오톡 프로필 사진은 6년간 바뀌지 않았다. 책을 읽거나, 좋은 영상을 보더라도 가계부 모임에만 공유 했을 뿐, 내 계정의

SNS에는 알리지 않았다.

　수년이 지난 뒤, 우연히 어느 자기계발서의 저자 강연을 듣게 되었다. 그분과 나는 새벽 기상을 실천한 기간이 비슷하지만, 그분은 책이 두 권이 나오고, 방송국 촬영도 하고 돈도 벌고 있는데, 나는 그 당시에 책은 커녕 인지도도 없었다. 그분을 보며 생각했다.

　'나도 꽤 열심히 살았던 것 같은데, 왜 나는 아무것도 없지?'라고 생각하니 다른 사람의 모임에서만 열심히 활동했고, 내 SNS를 키우지 않았던 것을 깨달았다. 내가 살아온 과정의 기록이 없으니 지금까지 열심히 살아온 노력을 증명할 수도 없었다.

　때 마침 어느 책에서인가, 운명처럼 만난 구절이 있다. "나의 발전을 보고 기죽어 하는 사람들 때문에 나를 발전시키기를 멈추지 말라. 더 쭉쭉 치고 나가서 그 사람이 나를 따라오게 하는 것이 나와 상대방, 그리고 세상을 위한 더 좋은 일이다." 그 구절을 보자마자, 크게 깨달았다. 내가 먼저 가고 다른 사람들에게도 잘되는 방법을 알려주는 것이다. 그동안 혹여 내 주변의 누군가가 나를 보고 우울해 할까 봐 내가 도전하고 있는 일들의 성장 과정들을 기록하지 않았다. 하지만, 그 생각은 잘못된 생각이었다. 나도 함께 멈춰있는 것이 아니라, 내가 더 크게 되고 "나도 했으니, 당신도 할 수 있다"라고 말하면서 시작 앞에서 주저하는 사람들에게 용기를 주고 할 수 있도록 이끌어주어야 하는 것이었다.

　결과가 다가 아니다. 무슨 일이든 시작의 초창기부터 잘 될 때와 잘 안 될 때, 모든 순간의 과정이 모여질 때에, 그 자체가 커다란 성공의 결과가 된다. '아, 나는 그동안 과정을 기록하지 않았구나!'라는 생각이 크게 들기 시작하면서, 어쩌다 한 번씩만 쓰던 블로그에 내 성장의 과정들을 기록하기 시작했다.

"어쩜 그렇게 성장이 빨라요?" "대단하세요. 완전 멋져요"

블로그에 올리는 성장의 과정들마다 사람들은 내게 자주 말한다. SNS는 파급력의 도구다. 블로그를 본격적으로 쓴 1년 동안의 성장이 지난 6년의 세월보다 훨씬 더 크게 성장했다.

블로그든, 인스타그램이든, 페이스북이든 내 SNS에 내가 하는 것을 사람들에게 알려야 한다. 그래야 더 큰 기회가 열리게 된다. 내가 하는 것을 필요로 하는 사람은 분명히 있다. 나를 자랑한다고 생각하지 말자. 누군가가 그리 생각하는 사람이 있다고 해도, 그건 그 사람의 몫이지 내 몫이 아니다. 내 노력을 외부에 알리는 것을 부끄럽게 생각하는 것은 내가 나를 거부하는 것이다. 기회는 스스로 만드는 것이다. 내가 멈춰있으면 누가 나를 알아주지 않는다. 사람들에게 반응이 나오려면 내가 먼저 움직여야 한다.

이후 나는 다른 사람들에게도 블로그를 하시라고 말씀드리고, 미라클 모닝 모임 안에서도 회원님들께 자주 이야기를 하고 있다.

"모닝 루틴, 종이에 기록하면 다른 사람들은 몰라요. 나만 알아요. 블로그에 기록 하세요"

"기계치여서 블로그 할 줄 몰라요."

"내가 가르쳐 줄게요"

그 말 한마디에 바로 여러 명의 회원님이 블로그 수강 신청을 했고, 글자체 지정하는 법, 사진 업로드 시키는 법 등의 기초부터, 블로그 제목의 키워드 잡는 법 등의 고급과정까지 알려주었다. 회원님들이 잠과 싸워 일어나고, 이루어내는 모닝 루틴들을 좀 더 효율적으로 가져갈 수 있길 바라는 마음에 줌 미팅과 1:1 무료 코칭, 카톡 창 피드백 등도 수시로 해주었다.

나는 블로그에 쓴 글로 사람들이 모이고, 유튜브에 올린 영상으로 방송국 촬영을 하기도 했다. 성장하는 사람들에게 SNS란 성장에 날개를 달아주는 파급력의 도구다. 24시간으로 일하는 무료 영업사원일 뿐만 아니라 임대료 무료인 온라인 빌딩이다.

성장하고 싶은 그대여, 블로그, 인스타그램, 브런치 등등 SNS를 적극적으로 활용하여 초고속 성장을 달리길 바란다.

더 크게 성장하게 되는 '실패'라는 위대한 기회

미라클 모닝 모임을 운영하게 되었다. 모임에 온 회원님들은 매일 자신의 새벽을 깨우는 도전을 하고 있다. 주말과 휴일 상관없이 매일이다. 자기가 원하는 진로의 공부 외에도 운동, 글쓰기, 독서 등 자신을 성장시키는 루틴들을 매일매일 수행함으로써 원하는 미래를 만들어나가고 있다.

회원님들은 자신이 정한 기상 목표 시간에 늦게 일어나거나, 깼다가 다시 잠드는 경우들도 있지만, 나는 항상 이야기한다.

"해는 매일 뜹니다. 오늘 못 했어도 괜찮아요. 내일부터 다시 화이팅입니다!" 그러면 회원님들은 바로 "내일 다시 또 도전! 화이팅! 화이팅!"이라며 기운찬 댓글을 적어주신다.

언젠가 고민거리를 잔뜩 안고 길을 걷다가 갑자기 이런 생각이 들었다.

"신은 내가 감당할 수 있는 만큼만 고통을 준다고 했는데 그렇다면 이건 내가 감당할 수 있다는 얘기잖아. 이 정도의 고통도 이겨낼 수 있다니, 나는 내 생각보다 훨씬 더 센 사람일지도 모르겠다." 이렇게 생각하니 그 순간 내 마음이 훨씬 더 단단해지는 것을 느꼈다.

그렇다. 내게 오는 모든 고통은 내가 감당할 수 있는 고통이고, 이겨낼 수 있는 고통이다. 부정적인 감정은 순식간에 나를 에워싸고 주저앉힌다. 그럴 땐 내 감정의 단어를 바꾸어 보자 '힘듦', '불안함', '외로움', '두려움', '걱정' 등 부정적인 감정 표현을 '경험 즐기기'로 바꿔보자.

경험해보지 않은 삶이기에 내 몸에서 거부 반응이 드는 것이 당연하다. 내가 살아보지 않은 삶을 살려하기 때문에 미리 조심하는 감정인 것이다.

힘들다고 생각하는 순간 더 많이 힘들어진다. 하지만 "이 정도쯤이야!" 라고 생각하는 순간 그것은 내게 별것 아니게 되고, 결국엔 해내게 된다. 아이가 처음으로 서서 걸음마를 하게 되면 아이의 눈빛은 설렘 반 두려움 반이다. 어느 감정을 선택할지는 내 자유다. 내가 진정으로 목표하는 바가 있다면, 그것이 내 삶에 있어서 가장 중요한 목표라면 계속 나가는 것이다.

사람은 "날 수 있다"에는 부정하고 "걸을 수 있다"에는 긍정한다. 과거의 일을 바탕으로 믿기 때문이다. 그렇다면 오늘은, 해보지 않았던 것을 경험한다면 미래엔 "나는 이것을 할 수 있는 사람"이라고 생각이 들것이다.

잘하지 못할까 봐 걱정되는가? 사람들 앞에 나서기 부끄러운가? 일단 뛰어들고 내가 할 수 있는 만큼씩 더 크게 도전하며 진화시켜나가자. 그럼 된다. 그 모든 과정은 내가 원하는 결과를 위한 단계들이다. 매 순간들마다 고군분투하며 버티고 한발이라도 더 앞으로 나갈 때 나는 성장한다.

계속 나아가자. 처음의 불편했던 경험들이 점점 더 잘하게 되고 익숙해진다. 어느새 결과를 이루어내고, 그간의 작은 성공들로 커진 마인드만큼 나는 훨씬 더 큰 꿈을 꾸게 된다. '꿈꾸는 대로 이루어진다.'라고 했다. 상상의 목적에 따라 내게 온 크고 작은 기회들을 잡아 도전하고 계속 나아가는 것, 바로 그것이 수많은 성공한 사람들이 이야기하는 '내가 꿈꾸는 상상을 내 현실로 이루어지게 하는 방법'이다.

세상을 변화시키는 나비 효과의 날갯짓

'나비 효과'라는 말이 있다. 나비의 날갯짓으로 일어난 작은 바람이 지구 반대편에 가면 토네이도가 된다는 이야기다. 내가 경험했던 일들도 시간이 지나 또 다른 결과로 내게 다시 온 일들이 있다.

두 살 된 아들을 품에 안고, 여섯 살 된 딸아이 손을 잡고 길을 걸었다. 연인으로 보이는 남녀가 골목길에서 싸우는 장면을 목격했다. 남자가 여자를 벽에 세워두고 얼굴을 때렸다. 순간, 헉! 하며 놀라, 남자를 말리고 싶었지만, 어린 아이들을 데리고 있던 나는 그 상황에서 누군가에게 내 아이들을 맡길 수도 없어서, 그냥 집으로 돌아왔다. 이후, 그 폭력 현장은 내 마음에 두고두고 남았다. 이후 "우리에게는 한 일에 대한 책임도 있지만, 하지 않은 일에 대한 책임도 있다."라는 문장을 듣게 되었고, 그 순간 내가 목격한, 길에서 남자에게 맞던 여자분이 떠올랐다.

그로부터 며칠 뒤 "공중 화장실에서 줄을 만드는 방법은 아주 간단하다. 내가 화장실 문 앞에 서 있으면 내 뒤를 이어 줄이 만들어진다. 그것은 내가 줄을 만드는 첫 번째 점이 되는 것이다"라는 문장을 또 한 번 만났다. 데이트 폭력 현장의 여자분과 "하지 않은 일에 대한 책임", "첫 번째 점이 되기"의 두 문장을 연달아서 만나게 된 이후, 나는 이 사회에서 내가 먼저 나서서 점을 찍는 일들을 하기 시작했다.

공원에서 본 싸움 현장 속에 가장 먼저 나서서 남자 두 분의 몸싸움을 말리고, 사람을 살린 경험도 하게 되었고, 추운 겨울날 길거리에서 자는 남자분을 깨워드리기도 했다. 동네의 길거리에 쓰러져 있는 사람을 보면 119에 신고를 했다. 아이들이 예쁘다면서, 가지고 다니는 지팡이로 동네 아이들을 툭툭 치고 다니는 치매걸린 할아버지가 있었다. 그 할아버지에 대한 일로 주민의식을 깨우는 전단행사를 약 2개월 동안 벌이기도 했다.

30kg의 다이어트를 했던 경험으로 유튜브를 만들었다. 그 유튜브 내용은 방송국 PD의 눈에 띄었고, TV 프로그램 촬영을 하게 되기도 했다. 십여 년 전에 있었던 눈물의 다이어트는 그 당시엔 '다이어트를 꼭 성공해서 몇 년뒤엔 TV에 나가야지.'라고 생각하고 시작하지 않았다. 단순히 하루하루 열심히 살았던 경험이었고, 내가 할 수 있는 것에 최선을 다했던 경험들이었다.

'나비 효과' 지난 과거의 경험이 오늘 내게 더 크게 돌아오듯이 내가 오늘 하는 행동이 시간이 지난 뒤 어떤 일로 다시 돌아오는지, 아무도 모르는 일이다. 그렇기에 세상은 재미있고, 살아볼 만하다. 내가 할 수 있는 대로 좋은 일들을 행동하면, 세상은 내가 생각지도 못한 좋은 일을 가져다주기 때문이다. 내가 읽은 글 한 줄이 내 인생의 한 문장이 되듯이, 내가 쓰는 글 한 줄이 누군가의 생명을 살릴 수도 있다. 내가 행하는 좋은 일들이 나를 좋게 하고 이 세상을 조금씩 더 좋게 만든다. 우리가 매일 매 순간에 할 수 있는 더 좋은 일, 더 좋은 글과 말을 세상에 전해야 하는 이유다.

　세상을 변화 시키고 싶은 사람은 하루의 일상에서 좋은 일을 행동해보라. 그리고 세상에 퍼트려라. 당신의 그 행동은 분명 나비 효과를 일으켜 우리 아이들이 살아갈 세상을 훨씬 더 좋은 세상으로 변화시키게 된다.

1%의 당신으로부터

-김은주

무표정한 100명 중 웃고 있는 단 한 명이 있다면
그것이 당신이 되도록

모두가 침묵하고 단 한 명이 노래한다면
그것이 당신이 되도록

넘어져도 툭툭 털고 일어서는 단 한 명이 있다면
그것이 당신이도록

사랑을 말하지 않는 무리 중
사랑을 굳게 믿는 단 한 명이 있다면
그것이 당신이도록

처음으로 웃고 처음으로 일어서고
처음으로 사랑하는 것을 두려워하지 말라.

그래야 두 번째로 웃는 사람,
세 번째로 노래하고,
네 번째로 일어서는 사람,
다섯 번째로 사랑하는 사람이 생겨날 테니,

당신을 닮은 더 많은 사람들이
세상을 아름답게 할 테니.

당신의 성장으로 메신저가 되어 세상을 변화시켜라

늦잠을 고치기 위해 새벽 기상을 실천하면서 점점 뭔가를 꾸준히 할 수 있는 시간이 늘어났다. 나는 새벽 시간에 할 일들을 만들기 시작했다. 독서, 글쓰기, 필사, 낭독, 새벽 산책, 영어 공부 등 점점 더 많은 부자 습관들을 내 것으로 만들어나가기 시작했다. 내가 나를 믿는다는 것은 자존감 올리는 데에도 크게 도움이 되었다. 하루하루가 지나갈수록 매일의 모닝 루틴들 속에서 나는 '부자가 될 사람'이라고 나 스스로 믿게 되었다.

아르바이트를 다니면서 출퇴근길에 이어폰을 끼고 영어팝송을 들으며 다녔다. 집에 있을 때도 낭비되는 자투리 시간을 없애기 위해 하는 일들의 시간을 기록했다. 매일 저녁 감사 일기를 쓰고 잤다. 가방엔 항상 책 한 권씩 넣고 다녔고, 다음 날의 새벽 기상을 위해 전날의 저녁 시간까지 관리하면서 내 생활을 흐트러지지 않기 위해 노력했다.

매일 새벽마다 일어나자마자 내 잠을 깨우려고 봤던 동기부여 영상은 매일 그날 하루를 더 열심히 살게 하고 더 똑바로 살게 했다. 매일 새벽마다 계속된 동기부여 영상시청의 루틴은 내 잠재의식과 뼛속에 각인이 되었는지 어느덧 사람들에게 용기를 주는 말을 하고 힘을 주는 글을 쓰기 시작했다. 수년이 지난 뒤, 나는 자기계발서를 쓰는 작가가 되었다. 동기부여 강사가 되었을 뿐만 아니라, 미라클 모닝 모임의 운영자로 다른 사람들의 성장을 돕는 코치가 되었다.

"새벽에 깼다가 다시 잤어요."

"잠이 안 와서 밤새버렸어요."

"새벽에 깼다가 애도 같이 깨서 재우다 보니 다시 잠들었네요."

회원님들의 질문에 대답해 주다 보면, 나도 더 크게 성장하는 경험을 하고 있다.

내 경험이 내 콘텐츠가 된다. 《메신저가 온다》 책의 저자 박현근 코치님은 자신의 노하우로 다른 사람의 메신저 사업을 돕는다. 《30살, 여전히 도전 중입니다》 책의 저자 이원준 작가님은 다른 사람의 연애와 자신감을 돕는다. 《아내 수업》 책의 저자 김준범 작가님은 다른 사람의 가족 독서 문화를 돕고, 《365일 자동절약 시스템으로 아파트를 마련했다.》 책의 저자 오미옥 작가님은 다른 사람의 생활비 절약을 돕는다.

우리는 누구나 재능이 있다. 요리를 잘하든, 육아를 잘하든, 글쓰기를 잘하든, 살아온 일상 속에서 직업이나 취미, 혹은 자기 계발 등으로 특화된 어느 한 분야가 있을 것이다. 남들과의 비교가 아니다. 내 안에서 찾아보자. 내가 알고 있는 지식과 경험으로 다른 사람들에게 방법을 알려주고 있다면 나는 그 분야의 메신저가 될 수 있다.

독서나 운동, 글쓰기 등의 자기 계발 분야뿐만이 아니라, 사진 찍기나 맛집 찾기 등의 동호회 운영도 좋다. 내가 잘하는 것이 없다면, 이미 하는 것이나, 내가 하고 싶은 것의 모임을 만들어보자. 완벽하지 않아도 좋다. 모임의 리더가 되면 더 열심히 할 수밖에 없으므로, 리더는 회원들보다 더 잘하게 된다. 모임의 안에서 훨씬 더 크게 성장이 일어나게 된다. 자신이 성장한 방법으로 타인을 변화시키고 세상을 변화시키는 메신저. 당신도 메신저가 되어서 타인의 삶을 돕고, 이 세상을 더 좋게 변화시키는 사람이 되길 바란다.

CHAPTER 11

영어의
첫걸음을 도와주는
메신저다

정소영

영어에 대한 열정과 배움의 끈을 놓지 않고 아이들의 언어발달에 관심을 가지고 다년간 영어 교육에 일해 왔으며, 영어권 나라에서 다양한 경험과 교습소 운영, 문화센터 강사로 활동, 호텔 인턴십에 참가했고, 현재는 회사에서 아이들을 가르치는 일을 한다. 이젠 교육 메신저로서 활동할 것이다.

- 현) 사이버 한국외국어대학교 TESOL 석사 재학 중
- 숙명여대 유아교육 정보 대학원 졸
- University of California, San Diego TEFL / TEYL 자격인증
- 보육교사 1급 자격증
- 아동요리지도사 1급
- 3P 자기경영연구소 바인더 프로과정 수료
- 문화센터 출강(홈플러스, 교차로)
- 전) 다앤정영어교습소 운영
- 호텔 인턴십(Harrah's)
- 현) YBM 교육

• 블로그: https://blog.naver.com/present0582
• 인스타그램: soyoung0579

CONTENTS

가슴 뛰게 하는 나

나를 표현하는 일은 쉽지는 않다. 나를 잘 알지 않으면 설명도 불가능할 때가 있다. 그래서인지 코로나 이후 나에 대해서 더 잘 알고 싶다는 생각을 많이 했다. 내가 무엇을 위해 살고 있는지 진정 원하는 것은 무엇인지 말이다. 나는 현재 회사에서 아이들에게 영어를 가르치는 일과 동시에 코칭을 하고 있다. 이렇게 영어 교육에 숨 가쁘게 지낸 17년 날들이 내 머릿속에는 한 장 한 장 앨범 속에 바래진 사진처럼 쭉 지나간다. 분명 나를 위한 시간이었지만 기쁜 날도 많았고 아이들에게 지식을 판다는 것에서는 조금 불편한 마음을 항상 가지고 있었다.

내가 아이들을 가르치는 일을 시작한 지도 벌써 17년 정도가 되어 간다. 그동안 스쳐 지나갔던 제자들을 생각하니 마음이 뭉클해 진다. 내가 이길을 들어온 것을 생각해 본다.

내가 영어를 시작하였을 때는 중등부터 영어를 시작했던 세대이기에 초등 6학년 방학은 나에게 특별했다. 중학교 들어가는 게 조금은 낯설어 뭔가를 준비해야 되겠다는 생각에 영어책을 옆집에서 빌려서 알파벳과 엄마가 사주신 영어 테이프를 듣고 혼자서 발음도 해 보고 흥얼거렸다. 영어에 관심을 가지면서 팝송에도 조금씩 관심을 가졌다. 이렇게 나의 영어 시작은 힘들게 시작한 것이 아니라 즐겁게 시작했고 학교에서 영어 시간도 기다려지기도 했다.

난 아이들을 가르치면서 나의 영어 공부법을 생각한다.

나는 어떻게 영어를 처음 접했는가? 시작도 리스닝으로 먼저 시작한 것이다. 물론 알파벳은 기본이고 파닉스라는 것이 없었기에 사전에 나오는 발음기호를 보고 알아간 것이다. 그래서 아이들을 처음 가르친 날 파닉스가 뭐지? 영어 회화는 어떻게 가르쳐야 하나? 나 혼자 말만 할 수 있었던 것을 어떻게 가르치는가? 나의 영어 교육의 질문은 여기서 시작이 되었다.

가슴 뛰게 하는 나는 내가 할 수 있는 일이 있다는 것이다. 영어 교육에 대해서 알면 알수록 나의 무지가 너무 많이 두드러져 보이고 배울 것이 엄청 많다는 것을 알게 되었고 나의 경험이 영어를 시작하는 분들에게 조금이나마 도움이 되었으면 한다. 그래서 스트레스 받는 영어보다 내가 즐기면서 아이들에게 그 느낌을 고스란히 주고 싶은 것이다. 현재 영어로 고민하는 학생에게 학교 성적도 중요하지만, 영어를 조금 즐겁게 친해지면 배울 것도 많고 신기한 규칙도 많다는 것을 꼭 알려주고 싶었다. 특히 내가 관심이 있어 하는 언어습득은 나의 초관심사다. 아이들의 언어(한국어와 영어) 습관을 보면서 내가 공부할 것이 아주 많다는 것을 알고 또한 열심히 아이들과 나의 경험을 나누고 싶다.

어학연수는 미리 준비해서 가는 거야?

한 번은 생각해 봤을 어학연수, 요즈음은 외국 나가는 것이 어렵지는 않지만 내가 어학을 공부한다고 처음 나갔을 때는 90년대이다. 처음 낯선 땅을 밟아 보는 기회를 얻었다. 가는 전날에도 떨리는 것은 전혀 없고 오히려 꿈에 부풀어 잠을 잘 자고 김해 공항에서 출발하여 김포 공항에서 모두 모였다. 10명 정도 각기 다른 지역에서 온 학생들이 모여서 가는 것이라서 서먹하고 어색했다. 캔터키주의 작은 동네에 위치한 Murray State University 대학교에서 수업을 받았다. 처음이라 모든 것이 낯설고 준비가 되어 있지 않은 날 것의 상태였다. 한마디로 "하이" 인사조차도 할 수 없는 상태였다. 아직도 생생한 공항의 기억이 있다.

김해공항에서 일본을 경유하여 시카고(Chicago) 다음 내쉬빌(Nashville)에 도착해서 다시 2시간 정도 들어가야 "Murray(머레이)"라는 곳에 도착이다. 거의 17시간은 걸린 것 같다. 미국 땅에 마침내 도착했다. 도착했을 때는 밤이라 즐겁게 풍경을 보는 것 보다 도착이 우선이었다. 그 기쁨도 잠시 나의 가방이 분실되었다. 이!럴!수!가! 그 말로만 듣던 것이 나에게 일어난 것이다. 아무리 체크해도 나의 가방은 나오지 않았다. 아니 없었다. 하필 내 것만 없었다. 당황한 나는 영어는 말도 못 하는 벙어리 그 자체였다. 학생들 마중 나오신 분의 도움으로 가방 분실을 이야기하고 다행히 우여곡절로 10일 만에 나의 가방을 찾았다. 나는 찾을 거라는 확신이 있었다. 룸메이트가 그동안 많이 도와주어 편히 지낼 수 있었다. 지금도 고맙게 생각하고 있다.

나의 첫 어학연수는 재미있는 기억으로 시작되었고 날마다 의사소통 되지 않는 미국 선생님들과 마주 보며 수업을 해 나갔다. 들리지 않는 것은 기본, 의사소통은 바디랭귀지였다. 여러 나라의 학생을 보고 의사소통을 영어로 한다니 너무 신기했다. 그때는 나는 듣는 것도 힘들어했다. 그러면서 나는 잠시 온 어학연수를 통해서 꼭 다시 오겠다고 다짐을 했다.

2년 후 다시 영어에 빠지다

　　말버릇처럼 2년 후에 다시 플로리라 올랜드로 다시 어학연수를 시작했다. 워낙 따뜻한 지역이 좋아 올랜도를 택했다. 올랜도의 기억은 홈스테이의 생활이 나의 하이라이트다. 학교생활보다 더 중요한 것이 홈스테이다. 어느 가정으로 가느냐에 따라 나의 생활이 편하거나 불편하거나였다. 다행히 내가 간 곳은 흑인 가정에 베네수엘라 룸메이트와 지내게 되었다. 그 친구는 신발이 거의 가방의 반을 차지했다. 즐겁게 잘 보내긴 했었지만 2마리의 검은 고양이가 너무 무서워서 옮길 수밖에 없는 상황이 왔다.

　　그래서 다시 옮긴 곳은 필리핀 가정에 3명이 더 살고 있었다. 그곳에서 일본인, 한국인, 타이완이 같이 살았다. 하루하루가 즐겁고 국적은 다르지만 서로 통하는 것이 많아서 즐거운 나날이었다. 그때가 마침 IMF 때였기에 모두 힘들게 공부하거나 가지고 있는 차를 팔기도 했었다. 그래서 유학생들의 주머니 사정은 뻔했기에 주인은 우리에게 많은 것을 베풀어 주셨고 마지막 떠날 때는 편지와 스웨터를 선물로 주셨었고 내가 감기가 들었을 때는 한국의 라면을 한 박스 사주시기도 했다.

다른 나라의 사람이지만 생각하고 마음을 쓰는데는 비슷하다고 느낀다. 그래서인지 같이 사는 분들과 원활한 소통을 위해서는 연필과 종이는 항상 가지고 다닐 정도였다. 왜냐하면 설명하려면 그림을 그리거나 알파벳을 써야 해서 메모하는 습관은 저절로 형성되었다고 본다. 제일 좋았던 것은 식사 시간에 오순도순 나누는 대화였다. 학교에서 공부하는 것보다 훨씬 더 낫다는 것을 깨달았다. 이렇게 좋은 기억과 함께 나는 한국으로 들어가 영어 관련 일을 할 수 있는 계기가 되었다. 좋은 경험은 나를 발전 시킬 수 있는 원동력이다. 비록 다른 나라 사람들이지만 옆집 친구처럼 잘 보낸 나는 뜨거운 여름이 되면 나의 올랜도 라이프를 상기시킨다.

나의 영어 수난기 (1)
영어는 나의 적(올랜도에서 처음으로 자전거 타다)

　나는 자전거를 한국에서 타 본 적이 없는 나였고 그때는 학교 가기 위해서는 버스가 오지 않아서 반드시 자가용이나 자전거를 타야 하는 상황이었다. 주인 아주머님이 pick up 해주시면 소정의 돈을 지불해야 했다. 나는 자전거를 사기로 결정했다. 내가 자전거를 사기 위해 월마트에 가서 저렴한 자전거를 샀다. 30불 정도 비싸지 않았다. 3만 5천원 정도였다. 그 집의 초등학생 딸이 있었는데 나보고 물었다. " 자전거 탈 줄 아니" "아니" " 지금 배워서 학교에 타고 갈 거야" 자전거를 탈 줄 모르는데 사는 게 이상해 보였나 보다. 아무튼 나는 주말 동안 열심히 자전거 연습을 했다. 아니 필사적으로 훈련해야 하는 것이었다. 초등 1학년에게 자전거 레슨을 받은 것이다. 반복적으로 넘어지고 무릎에는 점점 더 피멍이 들어가고 있을 때 마침내 타고 갈 수 있을 정도가 되었다.

　어느 날 아침 학교 등굣길에 자전거를 타고 가는데 그날따라 어린 학생들이 모여 있는 것을 보았다. 나는 멀리서 무슨 말을 해야 하지? 무엇이라고 해야 저 어린아이들이 비켜줄까? 영어 말이 하나도 생각도 안 나고 입조차 떨어지지 않는 상황이었다. 그러나 그 아이들은 내가 오는 것을 몰랐다. 다급해진 나는 무슨 말을 해야 할지 몰랐다. 나의 손잡이에서는 또 땀이 나고 숨도 가빠오는 듯했다. 결국은 어떤 말도 못 하고 나는 자전거와 함께 옆의 도로에 넘어지고 말았다. 다리에 멍들고 손에는 피가 조금 났다.

사실 한국에서 넘어져도 부끄러운데 영어 말이 생각이 나지 않은 상태에서 자전거와 한 몸이 되어 넘어지는 그 순간을 생각해 보라. 진짜 창피하다. 다급한 순간 어떤 영어 말도 할 수 없었던 나는 창피하기도 하고 다시 한국 가고 싶었다. 영어는 정말 의사소통을 위해 빨리 배워야 한다는 것을 절실히 느꼈다. 그날 밤은 시퍼렇게 멍든 다리를 보면서 내가 다른 나라에 온 것을 절실히 실감했다. 불행 중 다행히 병원 갈 정도는 아니어서 천만다행이다. 혹시 병원에라도 가게 되면 비용과 병원에서의 의사소통은 또 어떻게 할 것인가? 생각만 해도 그때는 아찔했다. 병원 가는 게 무서운 것이 아니라 내가 아픈 곳을 영어로 말해야만 한다는 것이 힘들었다. 영어가 이젠 공포로 느껴지고 다음 날 학교 가는 것 조차도 불안했다. 그 당시는 의사소통보다 바디랭귀지를 더 많이 사용했을 때이기에 학교 가는 일은 고역이었다. 듣지 못하는 괴로움은 겪어보지 않으면 모른다.

영어를 잘하는 친구 옆에서 외국인 친구들과 자연스럽게 의사소통하는 것을 보고 부럽기도 하고 나도 더욱더 부딪쳐서 실용 영어를 배워야겠다고 생각했다. 그날의 깨달음은 제2외국어로 영어를 배우는 것은 쉽지 않다. 한국에서 영어를 공부한 것과 타지 생활에 부딪히며 배우는 것은 정말 다르다는 것을 알았다. 따라서 영어의 시작은 누구든지 처음부터 즐겁지는 않을 것이다.

300

나는 오뚜기 근성이다(인턴십 하면서 투잡)

나는 30대에 인턴십을 하러 갔기에 시간이 부족하다고 생각했다. 항상 내 느낌은 시한부 인생? 같은 느낌. 한국 가면 다시 못 올 것 같은 느낌. 나는 경험을 쌓고 싶은 부분을 찾아다녔다. 그중에서도 주말에는 샌드위치 가게에서 알바를 했다. 한인이 하는 곳이라 운 좋게 알바를 할 수 있었다. subway스타일의 샌드위치 가게인데 여기서도 나의 한 큰 일화가 있다.

그때는 지금보다 잘 들리고 의사소통은 가능했기에 job을 잡기도 쉬웠다. 그래서 아주 자신감을 가지고 일을 했다. 이 집은 쇼핑센터 안에 있어서 점심시간이면 줄을 서서 먹는 맛집 중의 하나였다. 그래서 점심시간은 초긴장을 해야 했다. 나의 포지션은 캐쉬어. 주문을 잘 받아서 결제를 잘하면 임무 완수 끝. 그러던 어느 날 일이 손에 익숙할 무렵, 어느 백인 할아버지 손님이 주문하셨다.

"어떤 빵을 선택하시겠어요?"

"Wheat bread."

"익스큐즈미?"

"Wheat bread!!!."(아주 짜증 난 목소리로)

"What bread?"(확인차 다시 물어봄)

손님은 급기야 화를 내고 나를 한심하다는 듯 쳐다보았다. 뒤에는 줄이 좍

(점심시간 줄 서는 것은 기본) 한순간 시선 집중!!! 평생 이렇게 시선 집중의 맛은 처음이다.

상황이 살벌해지면서 나는 그제야 할아버지의 발음을 이해했다. 무사히 주문을 잘 했지만, 그날의 기억은 지금도 악몽 중 하나다. 세월이 거의 14년이 흘렀는데도 또렷이 기억한다. 그래서 WHEAT BREAD하면 그 할아버지가 생각난다. 그래도 주눅 들지는 않았다. 나는 learner이기 때문이다.

그날 이후 느낀 것은 발음을 잘하는 것도 좋지만 내가 어떤 누구든지 말을 잘 알아들어야겠다고 생각했다. 가령 예를 들어 우리말도 같은 단어를 누가 말하느냐에 따라 알아듣는 것이 다르다. 아기와 성인이의 발화가 다르듯이 말이다.

말하기의 두려움보다 더 힘든 것은 무엇일까? 바로 리스닝이다. 영어의 습득은 Listening-Speaking-Reading-Writing이며 듣기가 우선이고 들려야만 말을 더 잘 할 수 있는 것이다. 그래서 나는 또 하나의 소중한 경험을 쌓았다.

영어는 도구야. 겁 먹지 마

어느 날 학교에서 항상 테스트로 프레젠테이션을 했다. 아직도 악몽 같은 날이 있었다.

내가 우리나라 문화를 소개할 일이 있었다. "제기차기"를 프레젠테이션의 주제로 했었다. 사실 나는 특유의 수전증이 있다. 우리 집 내력이다. 아빠, 남동생, 나는 수전증이 있다. 이것은 내가 긴장하게 되면 극도로 발휘한다. 손으로 지휘도 해도 될 듯하다.

드디어 수업 시간에 시범을 보이는 것 중에서 가위로 비닐을 자르는 것을 보여주는데 덜덜덜 달달달 내 손은 떨고 말은 나오지도 않고 무엇을 전달했는지 깜깜하고 어둠에서 바늘 찾는 느낌, 내 머릿속은 떨리는 손만 크게 느끼고 나의 스피치는 완전 베이비로 변해버린 것이다.

그 날밤 나는 얼마나 속상했는지, 바보 같은 느낌, 그렇게 긴장을 했는지, 밤새 나의 프레젠테이션 그 장면만 계속 되돌이표 하면서 지냈던 날 그 날 이후 난 앞에 나서는 것을 아주아주 극도로 싫어하게 된 계기가 되었다.

나는 이렇게 영어로 발표하는 것이 부담스러웠다. 친구들과 영어 할 때의 편안함과는 달리 앞에서 나의 과제를 발표하는 것은 힘들었다. 과제가 끝나면 배운 것도 많고 한 단계 업그레이드를 느끼지만, 그 당시 그 상황은 쥐구멍에 들어가고 싶을 정도다. 그래서인지 아이들이 영어의 두려움, 어려움, 표현력 부족에 대해 충분히 이해한다. 특히, 첫 수업에서는 아이들이 영어에 대한 두려움이 많다는 것이다. 하려는 의지가 있다면 뭐든지 할 수 있다. 그리고 영어는 단지 우리가 의사소통하기 위한 도구인 것이다.

나에게 찾아온 위기

　나는 개인과외가 나한테 잘 맞는다고 생각해서 영어 공부방을 하면서 개인지도를 많이 했었다. 그리고 소개를 부탁하지 않고 이벤트를 한 번도 생각 해 본 적이 없고 항상 주변 어머님들께서 알아서 소개를 받아서 진행했었다. 그러던 어느 날 나에게 찾아온 위기가 있었다. 나의 통장에 남은 잔액은 2,000원만 남은 것을 확인하고 난 머리로 무언가에 맞은 느낌이었다.

　나는 나를 소개하는 것을 잘하지 못했고 남이 나를 소개해 주는 것에 익숙했었다. 그래서 우리 아파트에 홍보하기 시작했다. 홍보전단지를 만들기 위해 그 전에 나의 소개와 내가 전달할 말들은 적는 것을 하라고 했었는데 그때도 사실 뭘 적지? 무엇을 어필 해야하나? 난감했다. 마침내 시안이 나오고 아파트에 광고하기 시작했고, 타 회사 가맹까지 했다. 단돈 2,000원에 사실 가맹비랑 광고비도 다 카드로 결제하고 이제부터는 수입이 거의 없기에 다 빚이다. 점차 나의 생활비와 모든 것이 빚으로 눈사람을 굴리고 있는 것이다. 조금씩 늘어나고 갚을 수 없는 순간이 왔다. 불안했다. 이젠 난 뭘 할 줄 아는 사람이 아니고 무능하고 앞으로 나아가지도 않았다.

당시 문화센터 강의를 나가는 프리랜서로 살고 있었지만, 그것으로는 부족이었다. 그리고 밖에 사람들은 열심히 일하는데 나의 세상은 무너진 상태, 움직이지 않는 상태, 멍한 상태, 우울한 상태였다. 내가 뛰지 않으면 나의 수입은 제로다. 그래서 마음을 다스리기 시작했다. 저녁에 항상 걷는 것을 했다. 내가 좋아하는 걷기를 하면서 생각하고 또 생각했다.

그러면서 이제 다시 일을 시작할 수 있다면 초심으로 돌아가 좀 더 정성을 들여서 가르쳐야겠다는 다짐을 했다. 사실 학부모님과 자의든 타의든 관계가 형성이 끊어지게 되면 다시 회복되기는 쉽지 않다. 다시 돌아갈 수 없다는 것을 그때 깨달았고 내가 할 수 있는 일을 못 할 수 있다는 것이 제일 안타까웠다. 당시는 매일 집에 있는 것과 광고를 기다리는 수동적인 자세도 한몫 했다. 잔액 2,000원은 나에게 값진 선물을 한 것이다. 그렇지 않았다면 난 정신을 차리지 않았을 것이다. 나에게 갑자기 많은 휴일에 난 당황했고 더운 날 에어컨 켜는 것도 사치가 되어버린 상황이었다. 항상 행복한 모습이었던 나. 세상이 무너지는 것은 아니었지만 나를 되돌아볼 수 있는 계기는 확실했다.

나를 만들어 가는 과정

드디어 알에서 깨어 나오고 있다. 그동안 은둔형으로 살고 있었던 나다. 내가 하루를 의미 있게 살면 그만이지라는 생각으로 하루하루 잘 보내면서 즐겁게 내 마음만 편하게 살아왔다. 그래서 아직도 철은 없다. 그것도 나다. 내가 이렇게 열심히 아침을 살고 있는 이유는 오늘의 하루가 단순히 즐거움으로 편안함으로 끝나는 것이 아니라 내가 할 수 있는 일이 있다라는 것을 깨닫고 이제야 깨어나고 있는 중이다.

의미 있는 삶(meaningful life)을 살고 싶다는 나의 몸부림이다. 임상아의 뮤지컬 가사처럼 "내 삶의 주인공은 바로 내가 되어야만 해" 나의 삶의 철학이다.

주인공처럼 살고 싶다면

첫째, 나를 알자. 주변의 시선에 신경을 너무 많이 쓰다 보면 나를 찾을 수 없다. 명상하거나 걸으면서 나와 자꾸 친해지는 습관을 지녀야 한다. 개인적으로 걷기를 좋아한다.

둘째, 하루하루 기록을 해 본다. 양식은 없다. 나에 관련된 단어들을 적어본다. 하나씩 적다 보면 나의 마음 상태, 내가 무엇을 위해 달리고 있는지, 나는 무엇을 하는 사람인지 서서히 알게 된다. 기록이 바로 나이다.

셋째, 나를 칭찬해 주자. 우리는 남에게 칭찬을 잘하지만 자신에게는 인색하다. 그러나 지금은 나도 변하는 중이다. 나의 삶은 현재 진행형이다. 원고를 고치고 고치듯이 나도 자꾸 고쳐가면서 발전하는 중이다.

삶의 주인은 당연히 나. 브라이언 트레이시는 나는 나를 사랑한다. "I like myself." 외치자.

요즈음은 내가 고칠 것이 많다는 것을 알고 조금은 느긋한 여유로운 말랑말랑한 생각을 하도록 한다. 항상 나를 가두고 있으면 되는 것도 안 된다. 이제는 나 스스로 이렇게 나서서 나를 찾아간다. 어쩌면 모든 사람에게는 때가 있는 것일지도 모른다. 이제 나의 마음과 화해를 하고 있다. 내가 가진 상처와 공존하기로 결정했다. 오히려 나의 마음은 더 편하다. 모든 사람의 삶은 존중되어야 한다. 누구나 다른 경험과 삶의 무게가 다르듯 경청하고 내가 배울 수 있는 것은 없는지 끊임없이 찾아야 한다.

내가 동경했던 직업 중 하나가 작가였다. 자신의 이야기를 글로써 표현하는 것이 멋있고 존경스러웠다. 책 속에서 나는 자유롭게 작가들을 만나고 있었던 것이고 또한 꿈을 꾸고 있었던 것을 나는 지금 이렇게 도전 중인 것이다. 나는 나에게 도전하고 있는 것이다. 그리고 젊은 시절에 영어 1도 아무것도 모르면서 그냥 가서 부딪쳐 보았던 나의 무식함이 지금의 나를 만들고 있다. 하루하루 나와 마주하는 이 시간이 좋다.

나는 나를 경영하고 있다. 적어도 실패를 해도 다 나의 책임과 결과가 따르는 것을 알기에 마음은 깃털만큼 더욱 가볍다. 누구를 탓하는 것은 이젠 내 인생에서는 없다. 나는 이제 나를 다듬고 내가 할 수 있는 일을 나누고 그것으로 희망과 행복을 찾을 것이다. 인생의 주인공은 바로 나이니깐.

문화센터에서 만난 유아들

　　문화센터에서는 '오감 체험 영어' 강의를 했다. 수업은 거의 없지만 문화센터에 토요일 수업이 유일한 나의 활력소였다. 유아들을 만나는 시간은 나를 행복하게 만들었다.

　　나의 첫 수업도 시작은 작았다. 문화센터 수업을 시작한 지 얼마 되지 않을 때이다. 강의를 해도 첫 시작은 낯설고 강사인 나도 적응을 해야 한다. 항상 특강을 하면 엄마들과 아빠 거의 가족들이 오기에 강의가 커질 때가 있다. 나의 첫 문화센터 수업도 그렇게 날 것으로 시작되었다. 처음 했을 때 준비물 준비 하나하나씩 꼼꼼히 준비했어야 했다. 준비한 것이 남는 것은 좋으나 부족하면 수업의 참여도가 떨어진다. 그리고 오감 체험영어라 엄마들의 관심도 많았다. 수업을 열심히 하고 본 수업으로 들어가면 인원이 적었다. 그래도 나는 개의치 않았던 것은 이것도 나의 첫 소중한 문화센터의 교육티칭경험이기에 오히려 나는 즐겁게 강의를 할 수 있었다.

　　어느 날 문화센터의 직원분이

　　"선생님 2명인데 수업을 어떻게 할까요? 폐강할까요?"

　　"아니요, 저는 괜찮습니다. 그래도 수업을 듣는다고 등록한 유아가 더

기특하네요. 진행하겠습니다."

"네. 그럼 저희가 더 감사하죠. 그럼 부탁드립니다."

"네."

나의 첫 강의는 4명에서 시작하였다.

이렇게 나의 강의는 1명 이상이면 기관의 의지와 상관없이 강의를 개설했었다. 그리고 더욱 열심히 했다. 가수도 1명의 팬이 있으면 노래한다고 하잖아. 2명이나 있으면 나의 강의는 개설되는 것이니 얼마나 좋은가? 나는 항상 모자란 나를 알기에 완벽한 나 보다 채우는 나를 선택했다. 그렇게 강의를 조금씩 넓혀가고 있었다.

정말 토요일 아침에 수업 오감 체험영어를 듣기 위해 오는 어머님과 아이들은 귀엽고 일찍 일어나서 온다는 것으로도 감사했고 오히려 내가 더 배울 점이 많았다. 나의 수업은 거의 Activitiy 위주의 수업이기에 즐거운 클래스이고 나 또한 좋아하는 강의 중의 하나였다.

특히 cooking 클래스는 나도 재미있지만, 유아들의 기뻐하는 모습을 보면 내가 더 좋아하곤 했다. 직업이 천직이구나 하는 생각이 든다.

그렇게 수업을 4명으로 조금씩 시작했던 나의 수업도 어느 순간 인원 초과라는 반가운 소리가 들렸다. 교실을 가득 채운 아이들의 눈망울을 보면서 영어와 놀기 위해 온 유아를 위해서 나 역시 많은 것을 준비하고 아이들과 많이 소통할 수 있어서 즐거웠다. 그러다가 이제는 다른 지점에서도 연락이 오고 학기가 시작할 때면 매니저 분께서 저의 수업 일정과 시간을 문의하기도 했다. 내가 가는 문화센터 수업은 나를 위한 힐링이고 아이들에게 즐거움을 같이 나눌 수 있어서 뜻깊은 강의다.

유아 영어는 일단 재미, 흥미가 기본이 되어야 한다.

아이들은 공부라고 생각하지 않는다. 놀고 온다고 생각을 하고 보내는 어머님들께서도 "잘 놀다 와" 라고 한다. 그만큼 아이들에게는 노는 시간이다. 나는 이 시간을 아이들에게 언어습득을 자연스럽게 할 수 있게 그리고 오감을 자극하여 노래와 챈트로 활동을 할 수 있도록 충분히 도왔다. 사실 나는 차가 없다. 많은 준비물들은 내가 준비 해 오는 것이다. 토요일은 한 짐이었다. 당연히 무겁다. 그래도 이 수업이 재미있고 기다려지는 것은 아이들과 나의 만족도, 엄마들의 만족도가 컸기 때문에 나는 더 열심히 준비한 것이다.

또한 문화센터에서 나의 과정을 1년 수강한 아이들도 있다. 학원이 아니기에 길어도 6개월 정도면 다른 프로그램으로 갈아탄다. 그중 몇 명은 처음에는 엄마 손에 끌려서 왔지만 1년 동안 보는 동안 영어에 대한 자신감도 많이 생기고 스스로 질문도 하는 유아로 변해 있었다. 난 흐뭇했다. **따라서 아이들에게 영어에 대한 즐거움과 자신감을 주어야 한다.**

나도 이제 교육 메신저다

교육 메신저로서의 자기 관리

아침은 언제나 시간이 부족하다고 생각했다. 그런데 그것도 이제는 나의 기우다. 조금만 일찍 일어나면 저녁에 무의미하게 보내는 시간보다 더 효율적이라는 것을 알았다. 나도 미라클 모닝을 하고 마음을 닦는 마음으로 아침에 간단히 청소하고 출근한다. 그리고 회사에 다니면서 생긴 소소하지만 확실한 행복 중의 하나는 출근 전 카페에 들러서 하루의 일을 차와 함께 정리하고 들어갔다.

지금은 좀 더 일찍 가서 책을 읽거나 영어 공부를 한다. 끊임없는 자기계발은 물론이고 조금만 방심하면 나 자신이 나태해지기 때문에 나름 나의 습관 형성을 하는 것이었다. 그리고 일을 시작하면 내 마음은 한결 가볍고 일에만 열중할 수 있다. 나의 하루 일을 집중해서 정리하고 학생들을 만날 준비 하는 것이다.

일의 특성상 저녁 늦게 퇴근하기에 하루에 마무리를 잘해야 그 뒷날 나의 컨디션 조절도 가능하다. 시간을 잘 사용하는 것도 중요하지만 시간 약속도 중요하기에 시간을 잘 지키려고 노력한다.

교육 메신저로서 마음 관리

코로나의 영향으로 마음 관리에 많이 집중하는 것 같다. 경제적, 심리적으로 안정적이지 않다 보니 나 역시도 내 마음공부를 하고 관리를 한다. 마음 관리를 위해 자기 확언이나 영어 명언을 보면서 세상의 이치를 느껴보기도 한다. 포스트잇에 나의 작은 소망을 적고 감사일기를 적는다. 내가 한 것 중에 가장 효과적인 것은 감사일기와 명언들이었다.

마지막으로 당부드린다면,

내가 지금 영어를 가르치는 것은 앞에 많은 경험과 내가 느꼈던 영어를 아이들과 나누고 싶다. 들리지 않아서 힘들었던 순간, 말은 해야 하지만 단어도 어구도 생각이 나지 않았던 자전거 사건, 긴장 탓에 손을 떨었던 프레젠테이션 등 값진 경험은 나를 더 성장하는 발판으로 만든다.

우리는 어떻게 해야 영어 습관을 잘 형성할 수 있을까?

첫째, 자신만의 내적동기를 만들어라.

영어는 이제 온 국민이 다 한다고 봐도 된다. 그러면 내가 정말 무엇을 위한 영어를 하는 것인지 먼저 생각하라. 예를 들어 취미 영어, 시험 영어, 일을 위한 영어 엄마표 영어(아이들을 위한 영어).

둘째, 확고한 목표를 세워라. 예를 들어 하루에 단어 10개 외우기, 미국 드라마 한 편 보기, 고급자라면 TED 강연 1편씩 보기, 팝송 1개 듣기.

셋째, 영어학습의 시간 확보하라. 자투리 시간보다 아침 시간, 점심시간, 저녁 시간 등 구체적인 시간을 정해 놓고 타이머 맞추어 10분, 20분 등 각자의 시간을 정해본다.

한 번 더 느끼는 것은 영어도 훈련을 하지 않으면 안된다. 오래전에 미국에 살았다고 해도 꾸준히 영어감각을 키운다. 내가 다시 공부를 시작한 이유이다. 영어가 항상 새해의 다짐으로 끝나기보다는 조금이라도 천천히 가더라도 영어의 환경을 만들어서 노출시킨다면 많이 성장할 수 있다. 이제 영어습관형성을 시작 할 준비가 되셨나요?

CHAPTER 12

글쓰는
가치성장
메신저

임주아 (가치성장맘)

25년간 사원으로 시작해 부장까지 재무 관련 일을 했다.
현재는 딸이자 엄마이고 아내로 글을 쓰며 지내고 있다.
네이버 블로그 가치성장TV를 운영하며 브런치 작가로 활동 중이다.

• 블로그 https://blog.naver.com/idear77

CONTENTS

나는 아픈 아이였다

나는 마음이 아픈 아이였다. 태어나자마자 친부모에게 버림받았다. 양부모에게 입양되었으나 3년도 되지 않아 다시 파양되었다. 세살 때 지금의 부모님을 만났다. 가족이 아닌 동거인 2명. 이 사람들이 모두 가족으로 완성되지는 못하였지만, 엄마의 호적에 내 이름이 올라가기까지는 약 15년의 기간이 걸렸다. 아이의 감정 완성은 5세까지 발달 된다고 한다. 나는 그 시기를 어떻게 지냈는지 잘 알지 못한다. 그래서일까? 늘 마음이 불안하고 초조하며 집중하지 못했다. 왜인지 늘 허공에 붕 떠다니는 사람 같았다. 바람이 불면 바람 부는 대로 의지와 상관없이 휘청였다. 이 마음을 붙잡기까지는 오랜 시간이 걸렸다. 아니 어쩌면 아직 붙잡지 못했을 수 있다. 한동안은 괜찮았다가 또다시 내가 왜 이렇게 사는지 회의감이 몰려왔다. 45년 평생 그렇게 살아온 마음이 한순간에 고쳐질까?

65세 차이 나는 할아버지를 아빠라 하고 44세 차이 나는 할머니를 엄마라 부르며 자랐다. 동거인이었으나 18살 취업을 위해 필요한 호적이 없어 엄마의 호적에 올랐다. 두살 때 양부모에게 파양되며 나의 호적이 사라졌던 것이었다. 아빠는 끝끝내 나를 자식으로 받아주지 않았다. 엄마의 성을 따라 성씨가 바뀌었다. 밥은 먹고 자랐으나 아빠에게 객식구인 나는 늘 눈칫밥 신세였다. 늘 미움받았다. 엄마를 식모로 두기 위해 어쩔 수 없이 받아들여야만 하는 애물단지였다. 엄마 덕분에 먹고 자라며 살아왔지만 풍족하지 못했고 사랑이라는 것은 늘 부족했다. 나는 주워온 아이였으며 언제라도 버림받을 준비가 되어있던 아이였다.

　엄마는 6.25 전쟁과 일제강점기로 어려운 시절을 겪어 소학교도 나오지 못한 까막눈이었다. 나는 배움에 관하여는 늘 결핍되어 있었다. 초등학교 때는 공부를 전혀 하지 못했다. 학교만 왔다 갔다 하고 누가 공부하라며 알려주는 사람이 아무도 없었다. 아빠는 초등학교만 나와서 파출부로 돈 벌러 나가라며 중학교도 보내지 않으려 했다. 그때는 지금과 다르게 중학교도 돈을 내야만 학교에 갈 수 있었다. 돈이 많이 드는 나는 구두쇠인 아빠에겐 눈엣가시였다. 나를 위해 10원도 쓰지 않으면서 엄마가 하는 부업 일은 그렇게 싫어했다. 나는 미움받는 것을 뻔히 알면서도 얼굴 마주치며 객식구로 사는 것이 너무도 괴로웠었다. 죽고 싶은 마음이 들 때가 한두 번이 아니었다. 이렇게 비참하게 사는 것이 의미가 있는 것일까? 사춘기가 되면서 그러한 생각들은 나를 지배했다. 밤마다 울었다. 나 같은 게 살아서 뭐 하나? 눈곱만큼의 희망도 없었다.

　어릴 적부터 엄마에게 귀에 딱지 앉게 듣던 말이 있다. 하나는 고등학교는 여상에 진학해 졸업하면 돈을 벌어와야 한다는 것이었고 또 하나는 결혼을 하면 엄마를 데리고 살아야 한다는 것이었다. 엄마의 말대로 고등학교는 여상으로 진학하였다. 먹고 사는 것이 힘들었다. 엄마는 아빠에게 식모

살이를 온 것이고 나는 아빠에게 동거인 그 이상 그 이하도 아닌 존재였다. 돈을 버는 것으로 인정받고 싶었다. 취업을 잘하려면 자격증도 따야 하고 공부도 잘해야 했다. 고등학교 3년 내내 시험 기간에 잠을 자본 적이 없다. 무조건 밤을 지샜다. 성적은 그런대로 잘 나왔다.

그러다 취업 준비를 위해 서류를 준비하던 중 내가 호적이 없다는 것을 알았다. 어찌 된 영문인지 몰랐다. 동사무소에는 주민등록번호가 살아 있는데 호적만 사라졌다. 알고 보니 입양했던 집에서 나를 파양하며 사라진 것이었다. 엄마는 없는 살림에 호적을 만든다며 빚을 내어 변호사를 선임했다. 이후 나는 엄마의 성씨를 따라 이 씨에서 임 씨가 되었다. 이런일이 일어나기 전까지 내가 입양되었다 파양된 사실을 모른채 살았다. 꽤 충격이 컸다. 하지만 없는 살림에 큰돈을 빚지게 된 엄마를 보며 미안한 마음에 아무 내색 하지 못했다. 나중에 돈벌어서 꼭 갚아주겠다고 다짐했다.

취업 준비를 열심히 했다. 1차 서류전형 2차 필기시험은 늘 합격 했다. 3차 면접시험에서 몇 번째 탈락했는지 모른다. 성적순으로 대기업 추천을 받기 때문에 다른 아이들에게도 미안했다. 몇 번이고 나만 기회를 줄 수 없었기 때문이다. 줄 낙방에 나는 취업을 포기했다. 작은 키에 뚱뚱한 외모. 더군다나 안면마비까지 생겨 자신이 없었다. 다른 친구들을 위해 말끔하게 포기했다. 한동안 아무 희망없이 지냈다. 나 자신이 왜 이렇게 생겨 먹었는지 비관하고 비하하며 지냈다. 다른 친구들은 다 취업하는데 나만 학교에 왔다 갔다 하는 모양새가 부끄러웠다. 파출부 하는 엄마에게 돈을 벌어 주지 못하는 내가 너무 한심스러웠다. 그러다 동네 버스에 붙은 버스회사 입금원 구직광고를 보고 홀린 듯 버스회사로 향했다. 이일 저일 따지지 말고 아무거나 돈을 벌어보자! 일단 부딪쳐봐야지 하는 마음이었다. 면접에 가서 무조건 열심히 하겠다고 했다. 아무것도 안 하는 것보다 훨씬 더 마음이 편할 것 같았다. 다음 날부터 출근하라는 연락을 받았고 첫 직장생활을 시작했다.

'내가 하고자 하는 마음만 있다면 무엇이든 할 수 있구나!'

처음으로 깨달았다. 나는 마음만 먹으면 할 수 있던 사람이었다. 이후 무엇을 도전하는데 그렇게 큰 두려움을 갖지 않는다. 주어진 것에만 연연하지 말고 스스로 다른 길을 찾아야 한다는 것을 알았다. 생애 첫 월급 50만 원을 엄마에게 주었을 때 나는 너무 행복했다. 얼마 안 되는 돈이지만 보탬이 될 수 있다는 것에 큰 안도감을 느꼈다. 이제 나도 돈을 벌 수 있구나! 사람 구실 할 수 있다는 것이 감사했다.

한 발자국씩 사회를 향해 걸어갔다. 주어진 길이 아닌 나만의 길로 조금씩 성장했다.

♥ 참고하세요!

마음이 슬플 때_

불안이 많은 사춘기 때 노래를 많이 들었어요. 울적한 마음이 한가득 있을 때 감정 때문에 다른 것에 집중할 수 없었습니다. 음악을 통해 슬픔을 해소하고 많이 울었어요. 지금 생각해 보니 스스로 했던 음악치료였네요. 음악 듣고 노래하기로 치유의 효과를 많이 보았습니다.

나를 포기하는 순간 세상은 멸망한다

몸은 세상을 살아가게 하는 기본적인 요소이다. 눈으로 사랑하는 사람을 볼 수 있고 코로 숨을 쉬며 입으로 의사소통한다. 팔로 물건을 들거나 손으로 생활을 한다. 다리로 어디든지 가며 두 발을 지탱해 이 세상에 선다. 몸은 이 세상에 나를 머물게 하는 영혼의 집이다. 몸이 건강해야 무엇이든지할 수 있다는 의욕이 생긴다. 건강을 잃으면 모든 것을 잃는다는 말이 있다. 몸이 아프면 아무리 좋은 것이라도 할 수 없고 필요 없다. 몸은 그만큼 소중하다.

몸을 말하며 마음의 건강을 말하지 않을 수 없다. 몸의 건강이 삶을 살아가는 기본적인 건강이라면 마음은 영혼을 살게 한다. 마음이 아프면 몸까지 아파지는 경험을 여러 번 했다. 나는 어릴 때부터 우울증이 있었다. 적절하게 치료받지 못해서 늘 우울했고 우울한 만큼 몸도 아팠다. 처음 죽고 싶을 만큼 우울했을 때는 안면마비가 왔고 불안한 마음 상태가 지속되자 공황장애가 왔다. 갑자기 죽을 것 같은 공포가 끝없이 몰려왔다. 차라리 그냥 죽는 게 속이 편할 것 같다고 생각했다.

죽고 싶다는 생각을 자주 했을 때 세상이 멸망한 것 같았다. 인간의 삶은 어쩔 수 없이 자기 자신을 중심으로 돌아간다. 내가 없으면 세상이 존재하더라도 무용지물이다. 세상을 보고 느낄 수 없는 나는! 있어도 없는 것이다. 나는 셀 수 없을 만큼 어떻게 죽어야 고통 없이 죽을 것인가에 대해 생각했다. 정말 죽는다고 생각하면 생각할수록 두려움이 커졌다. 내가 죽음을 간접적으로 경험했던 일이 떠올랐다. 중학교 1학년 때의 경험이었다.

동네에 새로운 친구 숙희를 알게 되었다. 내 친구와 놀면서 알게 된 새로운 친구였다. 웃는 게 밝고 만화에 나오는 영심이를 닮았다. 넓은 이마에 입이 크고 단발머리를 하나로 묶은 웃는 모습이 예쁜 아이였다. 공부도 잘했다. 나는 공부에 관해서 물어볼 사람이 없었는데 그 친구가 몇 번 알려주곤 했다. 친구 집에는 옥상 화분에 꽃을 키웠었다. 예쁘게 핀 빨간 꽃이 인상적이었다. 친구 오빠는 나이가 좀 많았다. 학교에 다니지 않았고 주로 집에 있었다. 약간의 지적장애가 있었고 아주 착했다. 엄마는 일을 나가시고 아빠는 몸이 아파서 방에 누워계셨다. 고무줄놀이도 하고 옥상에서 소꿉놀이도 했다. 가끔 숙제도 같이하고 잘 모르는 우리 동네를 안내하기도 했다. 두 명이 놀다가 세 친구가 같이 놀다 보니 다투는 일이 많아졌다. 몇 달이 지나 연락이 뜸해졌다. 나는 한동안 그 친구들과 놀지 않았었다. 한 달쯤 지났을 무렵 학교로 형사 두 명이 나를 찾아왔었다. 숙희와 관련된 일을 캐물었다. 나는 아는 대로 다 말했다. 그때까지 숙희에게 무슨 일이 일어났는지 몰랐다.

같이 놀던 다른 친구에게 어떻게 된 일이냐고 물었다. 숙희는 며칠 전 실종됐다고 했다. 좀 놀랐지만, 당연히 다시 돌아올 거라고 믿었다. 하지만 그 일은 뉴스에 크게 보도되었다. 알고 보니 엄마가 삼촌에게 500만 원을 빌려주었고 형편이 어려운 엄마가 돈을 갚으라고 하자 삼촌이 내 친구를 암매장했다고 보도되었다. 너무 큰 충격이었다. 우리는 모두 충격에 빠졌다. 친구들은 그 일을 약속이라도 한 듯이 입 밖에 꺼내지 않았다.

죽음이란 것은 우리와 동떨어져 있는 것이었다가 가깝게 일어나는 일이었다. 당장 급급한 사소한 일에 매달리다가도 삶과 죽음의 경계에선 아무 짝에 소용없는 일이다. 내가 죽음을 생각했을 때 숙희 생각이 많이 났다. 숙희는 그때 14살이었다. 아마도 간절히 살고 싶었을 것이다. 내가 죽고 싶다고 생각한다는 것은 숙희에 대한 모독이며 오만이라는 생각이 들었다. 눈물이 났다. 너의 몫까지 두 배로 잘 살아내겠다고 약속했다. 이후 죽음에 대해서 마음속으로는 생각했지만, 입 밖으로는 절대 꺼내지 않았다. 아니 친구를 생각하면 할 수 없었다. 그렇게 나는 고비 고비를 살아냈다. 나를 잠시 내려놓고 생각을 멈추니 살아졌다.

사는 것이 크게 별일이겠으나 또 어찌 보면 별일 아닌 일일 수가 있다. 힘들 때는 잠시 나를 내려놓는다. 살아있음에 감사하며 가지고 있는 것에 감사한다. 당장 죽게 된다면 지금 내가 마음졸이는 일이 뭐 그렇게 큰일이라고. 나는 점점 내려놓는 연습을 한다. 사람의 욕심은 끝이 없으니 죽을 때까지 연습한다.

한동안 힘든 일은 생각하지 않고 묻어버리려 노력했다. 하지만 마음에 병이 생겨 공황장애까지 오고 나니 무조건 덮는 게 상책은 아니라는 생각을 했다. 명상을 시작했다. 눈을 감고 있으면 내 안에 있는 별의별 생각이 다 난다. 내가 묻어놓으려 했던 생각이나 분노, 혐오 오만가지 감정이 일어난다. 생각나는 것을 최악의 상황 끝까지 생각해보면 생각보다 별일이 아니라서 마음이 편해졌다. 나는 그렇게 케케묵은 감정을 털어냈다. 반복하다 보니 완치는 아니지만, 공황 증상도 점차 사라졌다.

나는 그 친구에게 약속한 대로 포기하지 않고 살려 한다. 하고 싶은 일을 하고 내가 할 수 있는 일에 집중하려고 한다. 내가 죽어 나의 세상이 멸망하기 전까지는 나를 포기하지 않을 것이며 사는 것을 즐기면서 여행자처럼 살기로 했다. 나는 아직 이 세상에 있고 오늘도 살아가고 있다.

당신도 당신만의 세상을 위해 당당히 걸어가기를 바란다.

♥ 참고하세요!
죽음의 생각이 많이 날 때_
세상을 나보다 위로만 보는 것도 좋지만 가끔은 아래를 내려다보는 것도 나쁘지 않아요. 살아간다는 것은 우리가 아는 것보다 더 여러 가지의 의미가 있습니다. 다른 사람의 경험과 아픔을 보고 희망을 얻기도 하지요. 나보다 더 힘든 상황에서도 꿋꿋하게 열심히 사는 사람들을 보면 용기가 날 수도 있어요.

절망을 희망으로 바꾼 순간

나는 나의 상황이 현재보다 미래에 더 나아질 것이라는 생각을 하고 산다. 인간의 기본 욕구에 해당하는 일이다. 꿈과 희망을 잃어버렸다는 것은 참으로 고통스럽다. 절망. 모든 희망이 끊어져 버린 상태. 나는 어릴 적부터 청소년기까지 절망의 시간을 보내왔다. 절망의 시간을 희망으로 바꾸는 데는 오랜 시간이 걸리지 않았다. 하나의 작은 성공 경험으로 그 다음을 딛고 올라설 수 있는 힘을 가지면 된다.

나는 경제활동을 하며 삶의 희망이 생겼다. 경제활동을 하기 전까지는 밥만 축내는 거머리 같은 인간에 불과했다. 살면서 칭찬은 몇 번 들어본 적 없이 거의 욕만 먹고 자랐다. 그래서 늘 자존감이 바닥을 쳤다. 내가 왜 사는지 몰랐다. 그나마 집에 돈을 벌어다 주면서 사람대접을 받기 시작했다.

경제활동을 하면 좋은 것이 있었다. 집에서 듣지 못했던 피드백을 받는 일이었다. 나이 든 부모님을 제외한 제대로 된 어른이 곁에 없었다. 잘하면 잘했다, 못하면 못했다 혼이 났다. 혼나는 일은 늘 이골이 나서 괜찮았다.

잘한 것을 칭찬받는 일은 생각보다 신나는 일이었다. 칭찬을 받으니 더 잘하고 싶었다. 칭찬은 고래도 춤추게 한다고 했던가? 나는 더 잘하고 싶었다. 안 하던 공부도 하고 나름 노력했다. 사회생활은 나에게 어른들을 만날 수 있게 해준 통로였다.

사회생활을 하며 어른들을 만나다 보니 좋은 어른도 있고 나쁜 어른도 있었다. 일하다 어려움이 닥치면 도와주거나 조언을 해주는 어른도 있었고 모른 척 무시하는 어른도 있었다. 완벽한 어른이 있는 것도 아니고 어른도 한 사람이라는 것을 알게 되었다. 어른이라서 모든 것을 하고 싶은 대로 한다는 것도 내 편견이었다는 것을 알았다. 나를 버린 부모를 원망했던 마음들이 잠시나마 사라지기도 했었다.

나처럼 인맥 없고 돈 없는 사람은 책이 최고의 스승이다. 그렇게 유명한 사람을 본 적도 알지도 못하고 살았다. 하지만 책을 통해서 훌륭한 사람의 생각이나 지식을 알아가게 되니 이보다 더 좋은 스승은 없었다. 책을 읽기 시작하면서 생각의 범위가 이전보다 훨씬 넓어졌다. 혼자만의 생각만으로 세상을 잘 살아가고 있는지 불안했다. 책을 읽음으로 다른 사람의 생각을 공유하게 되니 나도 모르게 조금씩 자신감이 붙었다. 배움의 재미를 알아가면서 자격증도 따고 책도 많이 읽게 되었다. 잠재되어 있던 하고 싶은 일들이 점점 많이 생겨났다.

자신감이 조금씩 붙고 하고 싶은 일들도 많이 생기면서 삶이 조금씩 행복해졌다. 전에 없던 자존감이 생겼다. 나도 시작하면 할 수 있구나! 이렇게 하나하나 해나가니 점점 삶에 대한 희망이 생겨났다. 이렇게만 산다면 정말 행복하겠구나! 그래 하고 싶은 것을 하며 살자. 순간 마음먹으니 날아갈 듯 홀가분했다. 신이 나면서 업무의 속도가 붙고 일하는 게 재미있게 느껴졌다. 관련 자격증에 관심을 두고 귀찮게만 여겨졌던 업무의 연장선까지도 재미있게 일하게 되었다. 즐겁게 일하니 승진과 돈은 저절로 따라왔다.

나를 희망으로 이끌어줄 어떠한 계기를 만들어보자. 죽고 싶다는 마음이 살고 싶다고 바뀌는 것은 순간이었다. 마음먹기에 달렸다. 하고 싶은 것. 이루고 싶은 꿈을 가지게 되는 순간! 그것을 이루는 작은 성공의 기쁨을 맛보자. 그 기쁨을 발판 삼아 더 크게 날아 올라보자.

♥ 참고하세요!

목표 쪼개기_
내가 세운 목표를 잘게 쪼개어 나누어보세요. 먼저 시작할 수 있는 것부터 이루어 나갑니다. 자신감이 붙어서 더 빨리 목표를 이룰 수 있어요. 작은 성취감이 모여 큰 성과를 나타냅니다.

내가 진짜로 원하는 것은 무엇인가?

　사람들은 원하는 것을 얻었을 때 성공했다고 말한다. 성공의 의미는 사람마다 다르다. 나는 어릴 때부터 가난해서 고단했다. 처음 나의 성공은 돈이었다. 나이가 들면서 건강이 나빠져 돈보다는 건강해지는 것으로 바뀌었다. 작가가 되고 싶어 글을 쓰는 현재는 출판하는 것이 성공이다. 다른 이는 집이 없어 따뜻한 보금자리를 갖는 것이 성공이라 했다. 외로움에 지친 사람에게는 사랑이 성공이 될 수 있고 버스로 통근하는 사람에게는 자가용이 성공이 될 수 있다. 이처럼 자신이 원하는 것은 모두 성공의 의미일 수 있다.

　당신이 생각하는 성공은 어떤 의미일까? 궁금하다. 성공이라 하면 대부분 사람들이 물질적인 것을 떠올린다. 내 짧은 삶의 경험으로 봐서도 물질적인 것만이 절대적인 성공일 수는 없다. 성공이라는 것은 주관적이어서 모든 사람에게 똑같이 맞추어질 수 있는 것은 아니다. 그렇기에 다른 사람과 나를 비교하는 것은 소용없는 일이다. 비교하는 마음은 나를 깎아 먹기만 하는 벌레이다. 비교하고 싶다면 다른 이가 아닌 어제의 나와 비교하자.

내가 진짜로 원하는 것이 무엇인지 신중히 고민해 볼 필요가 있다. 진정으로 원하는 것이 무엇인지 결정하고 그것을 위해 필요한 일이 무엇인지 적어보자. 종이 위에 글을 쓰면 기적이 일어난다고 했다. 성공을 위해 해야 할 일의 목록을 적어보자. 그중에도 지금 당장 내가 할 수 있는 것이 무엇인지 실행해 보자. 원하는 것을 이루었을 때 그 후의 다른 성공의 목표를 다시 정할 수 있다.

순금도 100% 순금이 없듯이 99.9%의 금속에도 0.1%의 불순물이 있다. 우리의 0.1% 불순물은 부정적인 생각들이다. 아무리 행복한 사람이라도 부정적인 생각이 안 들 수 없다. 부정의 생각은 바로 떨쳐버리자. 부정은 부정을 낳고 혼란만 가중한다. 사람이라 오로지 긍정적인 것만 생각할 수 없다. 나만 그런 것이 아니다. 모든 사람이 그러하다. 얼마나 빨리 떨쳐버리느냐가 중요하다.

원하는 성공을 이루기 위해서는 그것을 지켜내겠다는 강한 자존심이 필요하다. 나의 욕구를 저해시키는 사회나 부정적인 사람들의 말에 의연하게 대처해야 한다. 삶에서 이루는 성공적인 요소가 많아질수록 다른 사람들의 시기와 질투도 그만큼 강해지기 때문이다.

"그냥 살지 뭘 그렇게까지 해?"
"전에도 실패했었잖아."
"넌 멍청해. 못생기고 뚱뚱하고."
"그런 거로 먹고살 수 있어?"
"넌 생각하는 게 왜 이리 특이해?"

당신을 믿어주는 사람이 없다 하더라도 자신에 대한 믿음은 절대로 잃지 말아야 한다. 내가 나를 못 믿는데 누가 나를 믿어줄 것인가? 내 인생은 나의 책임이고 내가 결정한다. 남이 나를 책임지지 않는다. 나의 열의와 결심을 무너뜨리려는 사람들에게 '아니오'를 외칠 수 있어야 한다.

내가 진짜로 원하는 삶을 살아야 한다.

♥ 참고하세요!

부정적인 생각 떨치기_
부정적인 생각을 하지 않는 사람은 세상에 없어요. 다만 적게 하려고 노력하는 것이지요. 생각은 생각대로 흘러가도록 내버려 두는 것도 좋은 방법입니다. 명상과 마음 챙김으로 차분하게 자신을 관찰하세요. 글을 써서 자기 생각을 정리하고 나름의 해결책을 만들어 보는 것도 좋은 방법입니다.

나의 가치는 내가 만든다
_메신저의 시작

메신저는 다른 사람들에게 내가 얻은 지식이나 노하우를 전달하는 사람이다. 지식과 경험을 통해 알게 된 정보들을 다른 사람들에게 전달함으로 내가 겪은 고충이나 힘듦 없이 빠르게 성장하기를 도와주는 사람들이다. 나와 비슷한 힘든 상황에 있는 사람들을 좀 더 안전하고 빠르게 갈 수 있도록 안내하고 건강한 공감과 소통을 한다.

메신저가 어렵다고 말하는 사람들이 있다. 글을 쓰고 있는 나도 메신저라는 말이 두려웠다.

'나 같은 사람이 무슨 도움을 줄 수 있겠어!'

부정적 생각을 하다가도 나처럼 힘들고 아픈 시간을 보낸 사람들에게 조금이나마 힘이 된다면 어떤 일이라도 돕고 싶은 생각이 든다. 그것이 바로 메신저의 마음이다. 다른 사람을 세움으로 나를 세우는 일이 바로 메신저이다.

내가 어떤 도움이 될 것인지 생각을 해본다. 나의 가치는 내가 만드는 것이다. 처음에는 나의 힘든 경험을 블로그에 써서 나처럼 힘든 사람들에게 위안과 공감을 주고 싶은 마음에 글을 썼다. 댓글에 힘내라는 응원의 메시지와 본인도 나처럼 힘든 시간이라며 서로 위로하고 응원했다. 사실 나를 응원하는 댓글이 많아서 오히려 힘을 많이 받았다.

나를 응원하는 사람들을 보며 사람들에게 더욱 힘이 되어주고 싶은 마음이 생겨났다. 글을 열심히 쓰고 있는 이유다. 지나온 과거들이 힘들었지만, 그 안에서도 희망을 찾을 수 있었다. 글을 통하여 힘든 과정을 어떻게 지나왔고 꿈을 잃지 않기 위해 어떤 노력과 방법을 썼는지 사람들에게 알리고 싶었다.

나는 독서를 통해 세상에 눈을 떴다. 책을 통해 성공한 사람들의 과거를 알게 되니 나만 힘든 삶을 살아온 게 아닌 것이 위로가 되었다. 힘든 시간을 보낸 것에 대해 억울함이 있었다. 혼자만의 연민에 빠져 슬픔에서 허우적거린 시간이 결코 짧지 않다. 때때마다 힘든 시기를 이겨내고 성공을 하기까지의 성공담을 읽고 빠져나왔다. 성공한 사람들은 하나같이 시련과 고통이 따라왔고 결핍을 성장으로 이끌어냈다.

고통과 슬픔에 대해 불만을 늘어놓는 일은 시간과 에너지 낭비에 불과하다. 불평 불만은 늘어놓을수록 크기가 더 커졌다. 차라리 입 밖으로 꺼내지 않는 편이 더 낫다. 말하는 대로 이루어진다고 했다. 긍정적이고 건전한 사고를 하는 사람들과 함께 시간을 보내는 것이 좋다. 나의 주변 사람들 5명의 평균이 나라고 했다. 의도적으로 긍정적인 생각을 유지하는 것에 집중해보자.

브라이언 트레이시는 사람의 기본 욕구 중 가장 중요한 것은 마음의 평화라고 했다. 마음의 평화가 있어야 뭐든 해낼 수 있다. 가화만사성이라고 집안이 평안해야 밖에 나가서도 일이 잘된다. 늘 마음의 평온을 위해 명상하며 생각을 비운다. 비우고 채우자. 나의 가치와 꿈과 희망을 키워나가자.

나의 가치는 나 스스로 만든다.

♥ 참고하세요!

실패를 통한 성장 방법_
사람은 완벽하지 않기 때문에 누구나 실패를 통해 경험합니다. 그것을 바탕으로 도전하고 개선하게 됩니다. 자신의 강점에 집중하고 더 성장 할 수 있는 일에 집중하세요. 실패는 기회입니다. 실패가 두려워 아무 일도 하지 않는다면 우리 인생에서는 아무 일도 일어나지 않습니다. 성공보다는 성장하는 것에 집중하세요. 자신을 믿으면 더욱 성장할 수 있어요.

억대연봉메신저,
그 시작의 기술

1판 1쇄 인쇄 | 2021년 9월 28일
1판 1쇄 발행 | 2021년 10월 7일

지은이 | 박현근, 고은혜, 권혜란, 김민혜, 류현주, 박지원,
　　　　서성미, 윤서아, 윤희진, 이경진, 정소영, 임주아

펴낸이 | 최원교
펴낸곳 | 공감

등　록 | 1991년 1월 22일 제21-223호
주　소 | 서울시 송파구 마천로 113
전　화 | (02)448-9661 팩스 | (02)448-9663
홈페이지 | www.kunna.co.kr
E-mail | kunnabooks@naver.com

ISBN　978-89-6065-309-2　03320